KB075379

달려라 논리

3

★★ 토끼전에도 논리가 있다고? ★★

달려라 논리 ③

★★ 토끼전에도 논리가 있다고? ★★

창비

'달려라 논리'를 펴내며

이 책은 시험 성적을 올리는 묘수를 제공하는 책은 아닙니다. 그러니 안타깝지만 이 책을 읽고 나서 단숨에 시험 성적이 올라간다고 보장해 드릴 수는 없겠습니다. 보통은 시험에 도움이 되라고 공부를 하지요. 특히 논리책을 읽으면 글쓰기가 유려해질 거라고들 믿습니다. 물론 도움이 될 겁니다. 하지만 수사적인 표현과 멋들어진 문장을 쓸 수 있게 되는 것은 아닙니다. 논리는 그보다 훨씬 근원적인 차원에서 여러분의 삶에, 공부에, 글쓰기에 도움이 됩니다. 문제를 풀면 답만 아는 것이지만, 논리를 알면 전부 아는 것이라고 감히 말씀드릴 수 있는 이유입니다.

우리가 살아가는 데는 무슨 직업을 가졌든, 어떻게 살든 꼭 필요한 것이 두 가지 있습니다. 하나는 체력이고 다른 하나는 사고력입니다. 체력이 없이는 무슨 일도 제대로 해낼 수 없습니다. 아무리 시험 성적이 높아서 좋은 대학을 나오고 좋은 직장을 얻는다 해도 몸이 허약하면 무슨 소용이 있겠습니까? 체력이 뒷받침되어야 일을 해도 잘할 수 있습니다. 그러니 여러분 같은 나이에는 체력을 기르는 것이 매우 중요합니다. 청소년기가 평생 체력을 좌우하니까요. 체력을 기르기 위해서는 규칙적인 식사, 충분한 수면, 운동이 필요합니다. 특히 운동을 게을리하지 않아야 근육이 키워지고 오랫동안 체력을 유지할 수 있겠지요.

그런데 다리 근육을 발달시키기 위해서, 무조건 많이 뛰면 되는 것일까요? 그보다는 체계적으로, 제대로 운동하는 것이 효율적입니다. 전문가의 지도에 따라 꾸준히 해야겠지요. 사고력은 '정신의 근육'이라고 할 수 있습니다. 반복해서 연습해야 비로소 단련되거든요. 사고력도 다리 근육처럼 꾸준히 체계적으로 훈련하지 않으면 제대로 균형 있게 발달하지 않습니다. 아무리 책을 많이 읽고 토론도 열심히 해 보고 정성껏 글을 쓴다고 해도 논리적인 사고력을 기르지 않으면 꿰지 않은 서 말의 구슬과 같습니다.

사람은 체력과 사고력 없이는 살아갈 수 없습니다. '달려라 논리' 시리즈는 무엇을 어떻게 해야 올바른 생각을 할 수 있는지 여러분에게 제대로 보여 주고자 합니다. 아무쪼록 체력과 함께 사고력도 길러 더 좋은 삶을 누리길 바랍니다.

2014년 11월

탁석산

일러두기

* 본문에 나오는 『토끼전』 『춘향전』 『흥부전』 『홍길동전』 『옹고집전』의 줄거리는
  창비의 '재미있다 우리 고전' 시리즈를 바탕으로 했습니다.

1

이야기 속에도 논리가 있다

임진왜란 때 일입니다. 임금인 선조는 일본군이 부산에 상륙한
다는 첩보를 듣고 대신들과 고심한 끝에 한산도에 있던 이순신
장군에게 출정하여 왜군을 물리치라고 명했습니다. 그런데 이순
신 장군은 이 명령을 따르지 않았습니다. 왕의 명령을, 그것도 전
쟁 중에 따르지 않는다는 것은 항명으로 매우 무거운 처벌이 뒤
따르게 됩니다. 이순신 장군도 이를 몰랐을 리 없었겠지요. 그렇
다면 그는 왜 명령을 무시했을까요? 우선은 첩보가 믿을 수 없다
고 판단했을지 모릅니다. 거짓 첩보에 속아 출정했다가 패하면
손실이 크기 때문에 나가지 않았을 수 있지요. 아니면 첩보가 맞

는다고 해도 지금 부산 쪽으로 가서 싸운다면 승산이 없다고 판단했을지도 모릅니다. 이순신 장군은 유리한 곳, 유리한 시간이 아니면 싸우지 않았으니까요. 그렇다 하더라도 항명은 중죄인데 일단 나가서 싸우는 것이 옳지 않았을까요? 전쟁이 났는데 대통령의 명령을 최전선에 있는 지휘관이 거부한다면 어떻게 되겠습니까?

아마도 이순신 장군은 깊이 고민했을 겁니다. 이렇게 생각하지 않았을까요? 첩보가 사실이든 아니든 이번 전투에 나가서 싸우면 질 것이다. 만약 진다면 수군은 막대한 피해를 입게 된다. 하지만 나가 싸우지 않는다면 임금의 명을 거역한 셈이 되어 큰 벌을 받게 될 것이다. 나가 싸우면 질 것이고, 나가지 않으면 큰 벌을 받는다. 그런데 둘 중 하나를 선택하지 않을 수 없다. 그렇다면 나가지 말자. 항명으로 처벌을 받는다면 해가 나에게만 미치지만 전투에 나가 패한다면 나라에 큰 피해를 입히게 되기 때문이다. 나라를 먼저 생각하는 것이 녹을 먹는 신하의 도리가 아닌가.

이 사건은 훗날 이순신 장군이 파직을 당하는 이유 중 하나가 됩니다. 항명이라는 죄에서 벗어날 수 없었던 것이지요. 그의 고민을 논리적으로 분석해 볼까요? 이순신 장군이 처했던 상황을 논리학에서는 딜레마라고 부릅니다. 정리하면 다음과 같습니다.

나가 싸우면 패해서 수군이 큰 피해를 입는다. 나가 싸우지 않는 다면 항명으로 처벌받는다. 그런데 어느 쪽이든 택해야 한다. 하지만 어느 쪽을 골라도 좋을 것은 없다. 그래도 결정을 내릴 수밖에 없는 상황이다. 이순신 장군은 딜레마의 결론에서 한쪽을 고르는 것으로 상황을 끝냅니다. 이 딜레마의 결론은 수군이 막대한 피해를 입거나 이순신 장군 자신이 처벌을 받는 것인데, 이 결론에 '선언 논법'이라는 것이 쓰였습니다. 두 개를 선택할 수 있을 때 하나를 거부하면 나머지 하나가 결론이 되는 것이 바로 선언 논법입니다. 즉 수군의 막대한 피해냐 자신의 처벌이냐 하는 두 개의 선택지가 있다고 할 때 이순신 장군은 수군이 피해를 입어서는 안 된다고 생각하여 하나의 선택지를 거부했지요. 그래서 자신이 처벌을 받는다는 결론에 다다랐습니다. 의식하지 못했겠지만 논리적으로 보자면 그의 고뇌에는 딜레마와 선언 논법이 자리하고 있었던 것입니다. 이처럼 논리는 일상생활뿐만 아니라 역사 속에도 스며들어 있습니다.

이 책에서는 논증에 대해 알아보겠습니다. 좋은 논증을 만드는 데 필요한 조건은 무엇인지, 논증을 검토할 때는 어떻게 해야 하는지를 주로 다루려고 합니다. 그리고 이 책에서 살펴볼 논증들은 오랫동안 널리 읽혀 온 고전 문학 작품들에서 가져왔습니다. 그렇게 한 이유는 사람들이 생각하는 틀은 거의 비슷하다는 것을 보여 주기에 고전이 알맞기 때문입니다. 여기 소개된 고전을 읽다 보면 옛사람들도 지금 우리와 똑같은 오류를 저질렀고, 또 좋은 논증을 제시하려 했다는 점을 알 수 있습니다.

먼저 고전 작품들에서 논증이 어떻게 활용되었는지 찾아볼까요? 대부분 낯익은 작품들이겠지만 논리적으로 살펴본 적은 아마 거의 없을 겁니다. '아, 정말 감동적인 이야기야!' 하고 감탄하는 것도 좋지만 고전 속에 숨어 있는 논리를 찾아내면 익숙한 줄거리라 해도 좀 더 색다르게 즐길 수 있습니다. 등장인물들이 겪는 갈등 구조가 선명하게 드러나기도 하고, 각 인물의 입장을 입체적으로 살펴볼 수 있어 공감하기가 더 쉬워지거든요.

자, 그럼 본격적으로 출발해 볼까요?

2

갈등은 논리의 충돌

배를 갈라도 간이 없다면?
:『토끼전』으로 알아보는 '딜레마'

고전에 숨어 있는 논리 찾기, 우선 『토끼전』부터 살펴보겠습니다. 줄거리를 다들 알고 있겠지만 다시 한 번 정리해 보지요. 이야기는 바닷속에 사는 용왕이 큰 병에 걸리는 데서 시작합니다. 토끼의 간 말고는 약이 없다고 해서 자라인 별 주부가 육지로 토끼를 찾아 나서지요. 별 주부는 토끼를 속여서 용궁으로 데려오는 데 성공하지만 토끼는 기지를 발휘해 용궁을 탈출하고 맙니다. 이 기지가 이야기의 핵심 내용이지요. 토끼는 이후에도 한 번 더 용궁에 끌려가긴 하지만 결국 무사히 육지로 돌아옵니다. 이

제 우리는 이 익숙한 이야기 속에 숨어 있는 새로운 면을 발견하려고 합니다.

『토끼전』은 용왕과 토끼가 펼치는 한판 대결이라고 할 수 있습니다. 그 대결의 고비마다 상당히 수준 높은 논쟁이 오가지요. 지금부터 중요한 몇 대목을 논리적으로 자세히 분석해 봅시다.

별 주부의 꾐에 넘어간 토끼는 용궁에 도착하면 제 간을 내놓아야 한다는 것을 알게 됩니다. 토끼는 살아 돌아가기 위해서 꾀를 짜내는데, 널리 알려졌다시피 간을 산에 두고 왔다고 거짓말을 합니다. 처음부터 별 주부가 용왕의 병을 치료하는 데 필요하다고 솔직히 알려 주었으면 간을 챙겨 왔을 것이라며 토끼는 안타까워하기까지 합니다.

하지만 토끼의 얕은꾀에 속을 용왕이 아니지요. 용왕은 오장육부란 태어날 때부터 지니고 있는 것으로 그중 하나라도 없어지면 즉시 목숨이 끊기는데 어떻게 간을 넣었다 뺐다 할 수 있느냐며 토끼에게 호통을 칩니다. 그리고 당장 토끼의 배를 갈라서 간을 꺼내라고 명령하지요.

토끼는 절체절명의 위기에 몰렸습니다. 빨리 용왕을 설득하지 못하면 이 자리에서 죽고 맙니다. 자, 토끼는 어떻게 이 위기를 벗어났을까요? 만약 여러분이 토끼와 같은 처지에 놓였다면 어떻게 하겠습니까? 거짓말을 했다고 실토하고 용서해 달라고 사정하는 게 현명할까요, 아니면 일단 무조건 도망치려고 하는 게 좋을까요? 하지만 토끼는 육지에서 사는 동물이니 바닷속에서 도망치기는 어려울 것 같습니다. 역시 용왕을 설득하는 편이 좋겠네요. 그럼 토끼는 어떻게 용왕을 구슬렸을까요?

토끼는 두 단계에 걸쳐 용왕을 설득합니다. 일단 용왕에게 이렇게 말하지요.

"대왕님께서 저의 배를 갈라 간이 있다면 다행이지만 만일 없다면 제 목숨만 억울하게 없어질 뿐, 대왕님의 병에는 아무 도움도 되지 않을 것이옵니다."

토끼는 첫 번째 단계에서 용왕에게 '딜레마'를 제시했습니다. 그럼 먼저 딜레마가 무엇인지 알아보지요. 딜레마는 논법의 일종으로 '양도 논법'이라고도 부릅니다. 딜레마는 원래 '뿔이 두 개'라는 뜻으로, 사람이 짐승의 뿔 두 개 중 하나에라도 받히면 죽듯이 이 논법에 걸리면 꼼짝없이 당하고 만다는 의미입니다. 이러지도 저러지도 못하는 난처한 상황을 가리켜 사람들이 흔히 딜레마에 빠졌다고 말하지 않습니까. 이 유명한 논법은 고대 그리스의 소피스트들이 만들어 낸 작품입니다.

소피스트는 소크라테스와 같은 시대를 살았던 사람들입니다. 그들은 주로 재판에서 지지 않는 방법을 가르치는 사설 학원의 강사들이었지요. 요즘 영어와 수학을 배우러 학원에 가듯이 고대 그리스에서는 재판에서 이기는 법을 배우기 위해 돈을 내고 수업을 들어야 했습니다. 그 당시에는 시민이라면 누구나 고소를 할 수 있었고, 고소를 당하면 재판이 열렸거든요. 만약에 재판에서 말을 제대로 못해서 패소하면 재산에 엄청난 피해를 입었지요. 그래서 사람들은 논법을 배우러 소피스트에게 갔습니다. 그러니 학원 간 경쟁도 점점 치열해질 수밖에 없었습니다. 새로운 논법을 개발해야 더 많은 학생을 끌어들일 수 있었으니까요. 딜레마라는 논법은 바로 이 학원의 선생들이 만든 것입니다.

어느 날 재판에서 이기는 법을 가르치는 소피스트 중 한 명이 제자를 고발했습니다. 제자가 수업을 듣고도 수업료를 내지 않았기 때문입니다. 재판정에서 소피스트는 다음과 같이 딜레마를 써먹었습니다.

1. 내가 재판에서 이기면 수업료를 받는다.

2. 재판에서 져도 수업료를 받는다. (왜냐하면 내가 제대로 가르친 덕에 제자가 재판에서 이긴 것이기 때문이다.)

3. 재판에서는 이기거나 지거나 둘 중 하나다.

∴ 어떤 경우든 수업료를 받는다.

여기서 '∴'는 '따라서', '그러므로'라는 뜻입니다. 자, 이 논리에 맞서 제자도 딜레마를 사용했습니다.

1. 내가 재판에서 이기면 수업료를 내지 않는다.

2. 재판에서 져도 내지 않는다. (왜냐하면 스승이 제대로 가르치지 않은 탓에 내가 재판에서 진 것이기 때문이다.)

3. 재판에서는 이기거나 지거나 둘 중 하나다.

∴ 어떤 경우든 수업료를 내지 않는다.

어떻습니까, 양쪽의 주장이 다 타당해 보이지요? 일단 스승이 구사한 딜레마를 보기 쉽게 논리식으로 다시 써 봅시다.

논리식 기호부터 다시 설명해 달라고요? p, q, r 따위의 알파벳은 각각의 명제를 뜻하고, '→'는 '이라면', '∨'는 '또는'을 뜻합니다. 이 기호들만 알면 스승의 딜레마를 논리식으로 쓸 수 있습니다.

p: 내가 재판에서 이긴다.

q: 내가 재판에서 진다.

r: 수업료를 받는다.

1. p → r (재판에서 이기면 수업료를 받는다.)

2. q → r (재판에서 져도 수업료를 받는다.)

3. p ∨ q (이기지 않으면 진다.)

4. ∴ r   (따라서 무조건 수업료를 받는다.)

제자의 딜레마도 논리식으로 쓰면 똑같습니다.

p: 내가 재판에서 이긴다.

q: 내가 재판에서 진다.

r: 수업료를 안 낸다.

XXX
X 22
XXX

달려라 논리 3

1. p → r (재판에서 이기면 수업료를 내지 않는다.)

2. q → r (재판에서 져도 수업료를 내지 않는다.)

3. p ∨ q (이기지 않으면 진다.)

4. ∴ r (따라서 무조건 수업료를 안 낸다.)

이런 딜레마를 어려운 말로 '단순 구성적 양도 논법'이라고 합니다. 논리학은 딜레마를 네 종류로 나눕니다. 단순 구성적 양도 논법, 단순 파괴적 양도 논법, 복합 구성적 양도 논법, 복합 파괴적 양도 논법. 어려워 보이지만 '단순'과 '복합', '구성적'과 '파괴적'을 구분할 줄 알면 생각보다 간단합니다.

먼저 결론의 형식에 따라 '단순'과 '복합'을 구별합니다. 결론이 단순문이면 '단순'이고, 복합문이면 '복합'으로 구분하지요. 단순문이란 '나는 성적이 좋다.'처럼 주어와 서술어가 하나씩 등장하는 문장이고, 복합문은 '나는 성적이 좋고, 동생은 운동을 잘한다.'처럼 두 개 이상의 단순문이 합쳐진 문장입니다.

'구성적'과 '파괴적'은 논증의 형식에 따라 구별합니다. 논증에 긍정식이 쓰이면 '구성적'이고, 부정식이 쓰이면 '파괴적'이지요. 타당한 논증인 긍정식과 부정식을 사용하므로 딜레마는 형식 면에서 타당합니다. 그래서 우리가 딜레마를 뿌리치기 어려운 것이고요. 하지만 딜레마가 건강한 논증은 아닙니다. 가능하면 딜레마를 물리쳐야지요. 그 방법은 차차 설명하겠습니다.

이제 앞서 본 스승의 딜레마가 왜 단순 구성적 양도 논법인지 알겠지요? 결론이 '무조건 수업료를 받는다.'라는 단순문이고, 논증에 긍정식이 쓰였기 때문입니다.

딜레마란 무엇인지 알아봤으니 다시 『토끼전』으로 돌아가지요. 앞서 용왕을 구슬리려고 했던 토끼의 설득은 어떤 양도 논법일까요? 토끼의 주장을 논리식으로 정리해 살펴봅시다.

---

p: 배를 갈랐는데 간이 있다.

q: 배를 갈랐는데 간이 없다.

r: 병에 도움이 된다.

s: 병에 도움이 되지 않는다.

1. $p \rightarrow r$ (배를 갈랐는데 간이 있다면 병에 도움이 된다.)

2. $q \rightarrow s$ (배를 갈랐는데 간이 없다면 병에 도움이 되지 않는다.)

3. $p \lor q$ (배를 갈랐을 때 간은 있거나 없다.)

4. $\therefore r \lor s$ (따라서 병에 도움이 되거나 되지 않는다.)

여태껏 봤던 논리식보다 조금 복잡하다고요? 말로 풀어서 설명하면 이렇습니다. 배를 갈라서 간이 있으면 병에 도움이 될 것이고, 없다면 병에 도움이 되지 않는다. 그런데 배는 가르거나 가르지 않거나 둘 중 하나다. 그렇다면 병에 도움이 되거나 되지 않는다.

여기까지는 별로 특이한 점이 없어 보이는군요. 앞서 배운 구분대로 따지면 토끼의 딜레마는 복합 구성적 양도 논법입니다. '병에 도움이 되거나 되지 않는다.'를 살펴보면 두 개의 단순문이 합쳐진 복합문이고, 논증에 긍정식을 사용했으니까요. 그런데 이 양도 논법은 딜레마의 한 종류이지만 충격은 약한 편입니다. 사실 해도 그만, 안 해도 그만인 이야기처럼 보이지 않습니까? 지금 토끼의 배를 갈라서 간이 있으면 좋고, 없으면 다른 토끼를 잡아서 또 확인하면 그만이니까요. 용왕도 아마 여기까지는 그저 별 무리 없이 따라왔겠지요.

하지만 토끼 입장에서는 성과가 있었습니다. 당장 생명을 잃을 위기에서 일단 벗어나지 않았습니까? 토끼는 용왕이 고민하게 만들었습니다. 도망갈 수 있는 확률이 반반이 된 것이지요. 이 정도만으로도 아주 커다란 성과입니다. 이 성과를 바탕으로 토끼는 다음과 같이 또 다른 구실을 댑니다.

"또한 그 소문이 땅 위 세상에 퍼지면 이후로는 별 주부가 아무리 좋은 말로 꾀어도 다시는 용궁까지 따라올 토끼도 없을 터이니, 어디서 대왕님을 살릴 약을 구하겠나이까? 아무쪼록 잘 생각하시어 나중에 후회할 일이 없게 하소서."

토끼가 말한 '그 소문'이란 무엇일까요? 당연히 용궁에서 토끼를 잡아다가 간이 있는지 없는지 확인하기 위해 배를 가른다는 소문이겠지요. 만약 지금 토끼의 배를 갈라서 간이 나온다면 문제가 해결되지만, 간이 없다면 소문이 퍼져서 다시는 토끼의 간을 구할 길이 없어진다는 말입니다. 자, 그러면 일단 토끼를 살려 두는 것이 좋지 않겠습니까? 용왕의 병은 꼭 고쳐야 하는데 섣불리 토끼의 배를 가르는 모험을 했다가 간이 없으면 낭패이니까요. 이제는 다짜고짜 토끼의 배를 가르는 것이 합리적으로 보이지 않습니다.

용왕은 합리적으로 어느 쪽을 선택했을까요? 당연히 토끼를 살려 두었습니다. 토끼의 노림수에 넘어간 거지요. 토끼는 위기에서 벗어나 겨우 살아남았지만, 용왕도 만만치 않습니다. 토끼에게 간이 있는지 확인하기 위해 검사를 해 보자고 하거든요. 용왕은 미꾸라지를 토끼의 밑구멍으로 넣어서 간이 있는지 없는지 토끼 배 속을 살피려고 했습니다. 곁가지로 드리는 말씀입니다만, 과학적으로 말이 되느냐와 상관없이 이렇게 실제로 관찰해서 증명하려는 자세는 매우 바람직합니다. 하지만 이 시도는 토끼의 지독한 방귀 때문에 무산되고, 토끼는 일단 무사히 육지에 있는 집으로 돌아갈 수 있었습니다. 물론 토끼는 이때 '양지바른 곳에 간을 널어놓았다.'라며 거짓을 고했지만, 이런 기지와 더불어 딜레마와 논리적 사고 덕에 목숨을 건진 것입니다. 나중에 다시 잡혀 오게 됩니다만, 그때는 이미 용왕이 죽은 뒤였지요.

누군가 이렇게 말할지도 모르겠네요. "딜레마에 빠지면 헤어날 방법이 없나요? 그렇다면 딜레마만 잘 써도 상대방을 꼼짝 못하게 만들 수 있겠네요."라고요. 딜레마를 해결하는 방법에는 두 가지가 있습니다. 첫 번째는 '두 개의 뿔 사이로 지나가는 것'이고, 두 번째는 '뿔 하나를 뽑아 버리는 것'입니다. 뿔 사이로 지나간다는 건 제3의 선택지가 있음을 밝히는 겁니다. 그러면 둘 중 하나라는 딜레마의 함정에서 벗어날 수 있지요. 그리고 뿔 하나를 뽑는다는 건 논증의 전제가 거짓임을 밝히는 겁니다. 형식이 타당해도 전제가 거짓이면 결론도 거짓이니까요.

두 가지 해결책 중에서 어느 쪽을 사용해야 효과적인지는 상황에 따라 다릅니다. 우선 앞서 봤던 소피스트의 딜레마를 해결할 테니 잘 따라오기 바랍니다. 재판에서 스승과 제자 모두 딜레마를 써먹었지요. 이 딜레마를 해결하려면 딜레마 상황에 얽매이지 않고 두 뿔 사이로 지나가는 것이 좋습니다. 이 딜레마에서 두 뿔이란 재판에서 이기는 것과 재판에서 지는 것입니다. 어느 뿔에 받혀도, 즉 이기든 지든 한쪽은 손해를 볼 수밖에 없으니까요. 어려워 보이는 딜레마이지만 의외로 해결책은 간단합니다.

현명한 재판관은 이렇게 판결을 내릴 겁니다. "수업료는 재판 결과와 아무 관계가 없다. 가르침을 받았으면 수업료를 내야 한다." 생각해 봅시다. 시험 성적이 안 좋다고 학원 수강료를 돌려받습니까? 아니지요. 일단 수업을 들었으면 수강료를 내야 합니다. 이렇게 판단하면 재판 결과라는 뿔을 피할 수 있습니다.

사실 하나의 딜레마에서 벗어나는 법은 여러 가지가 있습니다. 중요한 건 두 선택지에 얽매이지 않고 전체를 폭넓게 보는 마음가짐이지요. 자, 그러면 우리가 미처 다루지 않은 '단순 파괴적 양도 논법'과 '복합 파괴적 양도 논법'에 대해서도 알아봅시다.

먼저 단순 파괴적 양도 논법이란 무엇일까요? 앞서 살펴본 구분법에 따르면 '결론은 단순문이고, 논증에는 부정식이 쓰였다.'라고 할 수 있습니다. 알기 쉽게 식으로 써 보지요. 이왕 쉽게 하는 거, 철학에서 벗어나 스포츠를 예로 들까요?

p: 그 타자는 이번 시즌 최우수 선수가 되었다.

q: 그 타자는 타율 3할을 넘겼다.

r: 그 타자는 홈런을 30개 이상 쳤다.

1. p → q   (그 타자가 이번 시즌 최우수 선수가 되었다면 타율 3할을 넘겼을 것이다.)

2. p → r   (그 타자가 이번 시즌 최우수 선수가 되었다면 홈런을 30개 이상 쳤을 것이다.)

3. ~q ∨ ~r (그 타자는 타율 3할을 넘기지 못했든지 홈런을 30개 이상 치지 못했다.)

4. ∴ ~p   (따라서 그 타자는 이번 시즌 최우수 선수가 되지 못했다.)

이 양도 논법에 따르면 최우수 선수의 조건은 타율 3할 또는

XXX
X 30
XXX

달려라 논리 3

홈런 30개이군요. 하지만 그렇지 않지요? 제3의 선택지, 예를 들어 투수가 최우수 선수로 뽑히는 경우도 있으니까요. 이번에는 복합 파괴적 양도 논법을 볼까요? 부정식을 이용한다는 점에서는 같지만, 결론이 복합문입니다.

p: 그는 머리가 좋다.

q: 그는 좋은 대학에 갔다.

r: 그는 체격이 좋다.

s: 그는 모델이 되었다.

1. p → q   (그가 머리가 좋다면 좋은 대학에 갔을 것이다.)

2. r → s   (그가 체격이 좋다면 모델이 되었을 것이다.)

3. ~q ∨ ~s   (그는 좋은 대학에 가지 못했든지 모델이 되지 못했다.)

4. ∴ ~p ∨ ~r   (따라서 그는 머리가 좋지 않든지 체격이 좋지 않다.)

이 양도 논법은 전제부터 거짓이네요. 머리가 좋다고 무조건 좋은 대학에 가는 게 아니고, 체격이 좋다고 무조건 모델이 되는 건 아니니까요. 조건이 좋아도 노력이 더해져야 하지요.

이제 딜레마가 무엇인지, 어떻게 벗어나면 되는지 감이 좀 잡히나요? 『토끼전』에서 시작한 이야기가 이렇게까지 발전되다니 신기하지요. 하지만 아직 끝이 아닙니다. 『토끼전』에는 논리적 오류도 숨어 있거든요.

나 혼자 죽지는 않겠다!
:『토끼전』에서 엿보는 오류의 힘

『토끼전』에 등장하는 토끼, 즉 토 생원에게는 꾀가 많다는 이미지가 있습니다. 생명이 왔다 갔다 하는 위기에서도 논법과 슬기로 목숨을 지켜 내지 않았습니까. 하지만 토끼에게 속았다는 사실을 깨닫고 분노한 용왕의 반격에 토끼는 다시 붙잡혀서 용궁으로 끌려갑니다. 그런데 그사이에 용왕은 병세가 악화되어 죽고, 용왕의 아들이 토끼에게 죄를 물으려 하지요. 토끼는 또다시 목숨을 걸고 모험을 할 수밖에 없습니다.

여러분도 알다시피 토끼는 마지막에 무사히 육지로 돌아왔습니다. 그런데 별 주부에게 붙잡혀 용궁으로 가는 도중에 토끼는 평소의 똑똑하고 꾀 많던 이미지와 다른 모습을 보입니다. 꾀를 부려서 위기를 벗어나는 게 아니라 협박을 하거든요. 토끼는 가는 길 내내 별 주부에게 같이 살고 같이 죽자고 설득합니다. 하지만 지난번에 크게 속아 낭패를 봤던 별 주부는 여간해서 토끼의 꾐에 넘어가지 않습니다. 그러자 토끼는 이렇게 말합니다.

"그대가 끝까지 내 부탁을 들어주지 않으니 그대와 함께 죽을 수밖에 없도다. 애초에 그대가 나를 거짓말로 꾀어 용궁으로 데려가지 않았던들 나에게 이런 재앙이 왜 있으리오. 어차피 억울하게 죽을 바엔 나 혼자 죽지는 않겠노라. 지금 당장 그대의 목덜미를 물어뜯어 목 없는 귀신을 만들거나 내가 죽어 저승에 가서 억울한 사정을 염라대왕 앞에 고하리라."

토끼도 억지로 끌려가는 처지이긴 하지만, 이 대사만 보면 은행 강도랑 비슷하네요. 권총을 들이대고는 돈을 내놓지 않으면 죽이겠다는 분위기 아닙니까. 토끼는 은행 강도처럼 힘에 호소하는 오류를 저질렀습니다. 토끼도 급해지니까 평소와 달리 폭력에 의지하면서 별 주부에게 같이 죽자고 협박하는 수밖에 없었던 모양입니다.

토끼가 선택한 해결책은 오류이지만 별 주부에게는 통했습니다. 겁먹은 별 주부가 토끼의 말대로 하겠노라고 약속해 버렸거든요. 이 합의는 토끼가 두 번째로 맞이한 운명을 건 담판에서 요긴하게 쓰였지요. 토끼는 자기가 간을 가져오지 못한 것이 별 주부 탓이라고 말했습니다. 별 주부는 협박에 못 이겨 맺은 약속 때문에 이를 부인하지 못했지요. 게다가 토끼는 꾀를 써서 자기가 돌아가신 용왕과 의형제 사이라고까지 인정받아 탈출에 성공합니다. 토끼의 꾀가 기발하지만 우리는 그 전제에 숨어 있는 힘에 호소하는 오류를 잊어서는 안 됩니다.

지금까지 『토끼전』의 몇 대목을 논리적으로 분석해 보았습니다. 사람들이 종종 옛날이야기는 허황될 뿐이고 그저 권선징악이라는 교훈만 있다고들 하지만, 논리적으로 분석해 보니 꼭 그렇지도 않지요? 『토끼전』의 토끼만 봐도 생각보다 훨씬 논리적인 방법을 써서 상대방을 설득했고, 오류를 적절하게 써먹기도 했으니까요.

이처럼 꼭 논리학을 배워야 논리를 쓸 수 있는 것은 아닙니다. 사람은 논리적으로 생각하는 힘을 타고난다고 하는 편이 옳겠지요. 옛날이야기를 논리적으로 살펴보는 것은 그런 점에서 흥미롭고 도움이 되는 일이랍니다.

XXX
X 34
XXX

이대로 모욕을 견딜 것이냐, 복수할 것이냐
: 『햄릿』에 나타난 딜레마 상황

논리적으로 분석함으로써 이야기 속 갈등 구조가 가장 선명하게 드러나는 고전 중 하나는 바로 셰익스피어의 『햄릿』일 겁니다. 영국의 극작가 셰익스피어에 대해 한 번쯤 들어 봤겠지요. 엘리자베스 여왕이 "국가를 모두 넘겨주더라도 셰익스피어 한 명만은 못 넘긴다."라고 했을 정도로 영국을 대표하는 작가입니다. 흔히 셰익스피어의 4대 비극으로 『햄릿』, 『리어 왕』, 『맥베스』, 『오셀로』를 꼽습니다.

이 유명한 희곡 작품들에도 각기 다른 논리 구조가 숨어 있습니다. 이 가운데 『햄릿』부터 살펴보기로 하지요.

주인공 햄릿은 우유부단한 성격으로 잘 알려져 있습니다. 성격 탓에 모든 일에 적절한 때를 놓쳤고, 그래서 더 많은 사람이 목숨을 잃고 결국 자신도 죽게 되지요. 그런데도 문제는 해결되지 않은 채 그대로 남아 있고요.

햄릿의 곤경은 어머니가 작은아버지와 짜고 아버지를 살해했다는 사실을 알게 되면서 시작됩니다. 이 정도 상황이라면 누구라도 고뇌에 빠질 수밖에 없겠지요. 여러분이라면 어떻게 하겠습니까? 작은아버지한테는 복수를 한다고 해도, 어머니는 어떻게 해야 할까요? 용서해야 하나요? 아니면 두 명 모두에게 복수해야 하나요? 그것도 아니면 살인을 모른 척 참고 지내면서 세상의 조롱을 견뎌야 하나요? 이런 고뇌 속에서 햄릿이 한 유명한 대사가 있습니다.

> 햄릿　이대로냐 아니냐, 그것이 문제로다.
>
> 어느 쪽이 더 고귀한가?
>
> 난폭한 운명의 돌팔매와 화살을 맞는 것인가,
>
> 아니면 무기를 들고 고해와 맞서 싸우다가 끝장을 내는 것인가?

To be, or not to be—that is the question:

Whether it is nobler in the mind to suffer

The slings and arrows of outrageous fortune,

Or to take arms against a sea of troubles,

And by opposing end them?

갑자기 웬 영어냐고요? 폼을 잡으려고 쓴 것은 아닙니다. "to be, or not to be"라는 구절을 좀 더 세심하게 살펴보기 위해서 어렵지만 길게 적어 보았습니다.

여러분도 영어 단어 'be'를 알고 있겠지요. 이 문장은 "이대로냐 아니냐, 그것이 문제로다."라고 옮길 수 있습니다. 그런데 영어 원문을 보면 "that is the question" 뒤에 ':'라는 문장 부호가 붙어 있습니다. 이 기호는 '콜론'이라고 읽는데, 앞선 문장의 내용을 설명하겠다는 뜻입니다. 즉 콜론 뒤에 이어지는 글은 "to be, or not to be"의 구체적인 내용인 것이지요.

"to be"에 해당되는 구절은 "to suffer the slings and arrows of outrageous fortune"으로, 번역하면 "난폭한 운명의 돌팔매와 화살을 맞는 것인가"입니다. "not to be"는 "to take arms against a sea of troubles, and by opposing end them"에 해당하는데 "무기를

들고 고해와 맞서 싸우다가 끝장을 내는 것인가"로 번역되지요.

그렇다면 '난폭한 운명의 돌팔매와 화살을 맞는 것'이 '이대로 있음'(to be)이고, '무기를 들고 고해와 맞서 싸우다가 끝장을 내는 것'이 '이대로 있지 않음'(not to be)이라는 말입니다. 조금 이상하다고요? 하지만 햄릿의 상황을 생각하면 이해가 될 겁니다.

"to be"는 햄릿이 자기 상황을 그대로 받아들이고 아무도 해치지 않는 것을 뜻합니다. 즉 세상 사람들의 비웃음과 경멸을 견디면서 사는 것이지요. 어머니와 작은아버지가 음모를 꾸며서 아버지를 죽이고 왕위를 빼앗았다는 걸 알면서도 묵묵히 아무 일도 없었다는 듯이 지내는 것. 이렇게 지낸다면 얼마나 고통스럽겠습니까!

그렇다면 이대로 지낼 수는 없다고 결심해 봅시다. 이것이 바로 "not to be"입니다. 어머니와 작은아버지를 모른 척할 수 없다면 어떻게 해야겠습니까? 아버지의 원수를 갚기 위해서 작은아버지뿐만 아니라 어머니도 죽여야 합니다. 이 또한 얼마나 고통스럽겠습니까! 바로 고통스러운 두 선택 사이에 놓인 것이 햄릿의 문제입니다.

자, 우리는 『햄릿』의 논리적 구조에 대해 알아보기로 했지요. 지금부터 햄릿이 처한 상황을 논리식으로 나타내 보겠습니다.

p: 그냥 이대로 지낸다. (to be)

q: 이대로 지내지 않는다. (not to be)

r: 고통스럽다.

1. p ∨ q (그냥 이대로 지내거나 이대로 지내지 않는다.)

2. p → r (그냥 이대로 지낸다면 세상의 경멸을 참고 견뎌야 하기

   때문에 고통스럽다.)

3. q → r (이대로 지내지 않는다면 어머니에게 죄를 물어야 하기

   때문에 고통스럽다.)

4. ∴ r   (따라서 고통스럽다.)

이리해도 고통스럽고, 저리해도 고통스럽습니다. 전형적인 딜레마이지요. 그렇습니다. 햄릿은 고민에 빠질 수밖에 없었습니다. 앞서 햄릿의 성격이 우유부단하다고 했지요? 햄릿이 딜레마를 해결하지 못하고 머뭇거리는 사이에 사건이 꼬여서 결국 많은 사람이 죽고 맙니다. 왕과 왕비는 물론 자신이 사랑하는 여인과 그 여인의 아버지, 심지어 자신마저 죽음을 맞게 되지요. 그래서 『햄릿』이 비극인 것입니다.

그럼 이야기가 비극으로 끝나지 않으려면 햄릿이 어떻게 해야 했을까요? 당연히 자신이 빠진 딜레마를 해결해야 합니다. 저라면 모든 것을 용서하는 쪽을 권하겠습니다. 복수를 잊고 모두 용서하고 왕궁을 떠난다면 딜레마에서 벗어날 수 있겠지요.

다른 방법도 있긴 합니다. 바로 자기의 앞에 놓인 갈림길 중 '이대로 지내지 않겠다'를 선택하는 겁니다. 어머니와 작은아버지를 죽여야 하지만 정의의 심판이라고 여기는 겁니다. 잘못된 일을 바로잡는 데 죄책감을 느낄 필요는 없다고 자기 자신을 설득하면 되지요. 그러면 적어도 사랑하는 여인을 비롯한 다른 사람들의 죽음은 막을 수 있을 테니까요.

앞서 딜레마를 해결하려면 뿔 사이로 지나가든지 한쪽 뿔을 뽑아야 한다고 했지요. 모두 용서하는 길은 새로운 선택지를 찾아 뿔 사이로 지나가는 방법이고, 복수하는 길은 딜레마의 전제를 부정해서 한쪽 뿔을 뽑아 버리는 방법입니다.

『햄릿』처럼 유명한 작품을 읽을 때는 지레 겁을 먹는 경우가 많습니다. '고전이고 유명한 작품이니까 좋은 말로 가득하겠지.' 이렇게 주눅부터 들어서 자기 생각대로 작품을 읽지 않고 이미 사람들에게 널리 퍼진 해석만을 따라가는 일이 잦지요.

여러분은 고전을 읽을 때 자기만의 생각을 지키길 바랍니다.

논리가 여러분의 무기가 되어 줄 겁니다. 고전일수록, 유명한 작품일수록, 이야기 속에 자리 잡은 논리가 탄탄합니다. 그렇지 않다면 그 오랜 세월 동안 사람들에게 읽히지 못했을 테니까요.

그러니 자신감을 품고, 이야기를 논리적으로 분석해 봅시다. 그렇게 했을 때 비로소 앞서 우리가 『햄릿』에 적용했듯이 작품의 갈등 구조를 선명하게 알 수 있을 뿐만 아니라 자기만의 생각도 세울 수 있습니다.

때로는 아예 지은이나 작품의 이름에 전혀 신경 쓰지 않고 읽는 것도 좋은 방법입니다. 선입견 없이 논리만으로 작품을 파헤쳐 보는 것이지요.

네 죄를 네가 알렸다!
: 딜레마로 변장한 폭력

『토끼전』과 『햄릿』에 나오는 딜레마에 대해서 알아봤지만 사실 딜레마는 우리 주변에 널려 있습니다. 드라마에도 종종 등장하는데, 특히 사극이 좋은 예이지요. 사극에 자주 나오는 장면을 떠올려 봅시다.

일단 죄인을 묶어 놓고 주위에 고문 도구를 늘어놓아서 준비를 마칩니다. 근엄해 보이는 관리가 죄인에게 묻겠지요. "네 죄를 네가 알렷다!" 십중팔구 묶여 있는 사람은 이렇게 답할 겁니다. "소인은 죄가 없사옵니다. 전부 모함이옵니다." 결국 관리는 이렇게 명령합니다. "여봐라, 저놈이 자백할 때까지 매우 쳐라!" 어때요, 글만 읽어도 너무 익숙하지요?

그런데 만약 죄를 순순히 자백했다면 어떻게 될까요? 관리는 죄인이 죗값을 치르게 해야 한다며 매우 치라고 하지 않을까요? 이 상황을 보기 쉽게 논리식으로 정리해 보겠습니다.

p: 자백한다.

q: 자백하지 않는다.

r: 매를 맞는다.

1. p → r (자백을 한다면 매를 맞는다.)

2. q → r (자백을 하지 않는다면 말할 때까지 매를 맞는다.)

3. p ∨ q (자백을 하거나 하지 않거나 둘 중 하나다.)

4. ∴ r (따라서 매를 맞는다.)

죄를 안다면 죗값을 치러야 하니까 매우 치고, 죄를 모른다면 자백을 받아 내야 하니 매우 칩니다. 결국 죄를 알든 모르든, 자백을 하든 안 하든 맞는 건 매한가지이지요. 이것은 앞서 배운 네 가지 딜레마 중 단순 구성적 양도 논법입니다.

이런 식의 딜레마는 곤란합니다. 어느 쪽을 택해도 고통을 당할 수밖에 없는 궁지로 죄인을 몰아넣고 윽박질러 봐야 올바른 결론이 나올 리 만무하니까요. 죄가 있는지 없는지는 제대로 된 수사와 입수한 증거를 바탕으로 판단해야 합니다. 용의자가 죄를 자백할 때까지 때리겠다는 것은 힘에 호소하는 오류입니다. 증거가 있어야 유죄인지 무죄인지 판결할 수 있지 않겠습니까? 힘으로 몰아붙인다고 될 일이 아니지요.

어떤 사람이 유죄냐 무죄냐 하는 것은 절차에 따라 수집된 증인과 증거 등을 바탕으로 법이 판단하도록 맡겨야 합니다. 이것이 여러분이 알고 있는 현재의 사법 구조에 가깝다고 할 수 있지요. 현대의 법정에서는 검사와 변호사가 각각 원고와 피고의 입장에 유리하도록 논리를 펼치는 모습을 볼 수 있답니다.

기생일까, 아닐까
:『춘향전』에 드러난 논쟁

『춘향전』을 모르는 사람은 없을 겁니다. 새삼스럽게 줄거리를 소개할 필요도 없겠지요. 하지만 이 사랑 이야기에 의외로 치열한 논쟁이 숨어 있다는 사실을 아는 사람은 많지 않을 것 같습니다. 변 사또와 춘향이 벌이는 논쟁은 가히 불꽃 튀는 한판 승부라 할 만한데도 말입니다.

변 사또는 수청을 들지 않는다는 이유로 춘향에게 곤장을 친 뒤 옥에 가둡니다. 물론 변 사또가 부패한 관리이고 심성이 악한 것도 사실이지만 그렇다고 아주 무식한 인물은 아닙니다. 알고 보면 변 사또도 법을 근거로 따지는 사람이지요.

지금부터 변 사또와 춘향 사이에 벌어진 논쟁을 논리적으로 따져 보겠습니다. 아마 여러분의 상상보다도 훨씬 치열할 겁니다.

변학도는 남원에 사또로 부임하자마자 기생 점고부터 합니다. 기생 점고란 명단에 일일이 점을 찍어 가며 남원의 기생 수를 확인하는 것입니다. 변 사또가 제일 먼저 기생부터 파악한 건 춘향이 천하에 둘도 없는 미인이라는 소문을 이미 들었기 때문이었습니다. 이렇게 남원의 모든 기생을 파악하면서까지 변 사또는 춘향을 찾는 데 혈안이 되었지만 춘향은 나타나지 않았습니다. 그래서 호방에게 왜 춘향이 없느냐고 물으니 호방이 춘향의 어미는 기생이나 춘향은 기생이 아니라고 답합니다. 그러자 변 사또는 기생의 딸이면 기생인데 그게 무슨 말이냐고 꾸짖습니다.

그런데 춘향이 기생인지 아닌지가 왜 중요할까요? 당시의 제도에 따르면 기생은 사또가 마음대로 부릴 수 있었습니다. 기생은 사또의 수청을 들라는 명령을 거부할 수 없는 것입니다. 따라서 다음과 같은 긍정식이 세워집니다.

p: 춘향은 기생이다.

q: 춘향은 수청을 들어야 한다.

1. p → q (춘향이 기생이라면 수청을 들어야 한다.)

2. p   (춘향은 기생이다.)

3. ∴ q   (따라서 춘향은 수청을 들어야 한다.)

　긍정식은 타당한 형식입니다. 형식 면에서는 문제될 것이 없지요. 따라서 전제가 모두 참이라면 춘향이 변 사또의 수청을 드는 것이 맞습니다. 첫 번째 전제는 참입니다. 당시 조선에는 관청에 소속된 기생인 관기가 있었고, 관기라면 누구든 사또의 수청을 들도록 되어 있었거든요.

　그러므로 우리는 두 번째 전제에 초점을 맞춰야 합니다. 춘향이 기생이라는 두 번째 전제도 참이라면 춘향은 변 사또의 수청을 거부할 방법이 없으니까요.

　일단 변 사또는 두 가지 전제에 아무 문제도 없다고 생각합니다. 앞서 봤듯 첫 번째 전제는 나라의 제도이니 당연히 맞는 말입니다. 그러면 왜 두 번째 전제도 참이라고 생각했을까요? 춘향은 기생이라는 두 번째 전제 역시 당시 조선의 제도에 따라 판단한 것이기 때문입니다. 조선에서는 부모가 모두 양반일 때만 자식도 양반으로 인정받았습니다. 부모 중 한쪽이라도 양반이 아니라면 그 자식은 양반이 될 수 없었다는 것이지요. 논리식으로 표현하면 다음과 같습니다.

p: 아버지가 양반이다.

q: 어머니가 양반이다.

&: 연언

p & q (아버지가 양반이고 어머니도 양반이다.)

논리식에서 처음 보는 기호가 나왔습니다. '&'는 '연언'이라고 부르는데, '그리고'라는 의미입니다. 또한 연언으로 연결된 'p & q'는 p와 q가 모두 참일 때만 참입니다. 'p & q'의 참과 거짓은 진리표를 이용해 정리할 수 있습니다. 진리표란 명제가 참과 거짓인 경우의 수를 표로 만들어 늘어놓은 것입니다. 'p & q'에서 p와 q가 각각 참이고 거짓인 경우를 따져 보면 네 가지 경우가 있겠지요.

p	q	p & q
참	참	참
참	거짓	거짓
거짓	참	거짓
거짓	거짓	거짓

　이처럼 연언으로 연결된 논리식은 모든 명제가 참일 때만 참이 됩니다. p, q 중 하나라도 거짓이라면 'p & q' 자체가 거짓이 되지요. 앞선 예에 적용하면 아버지가 양반이고(p) 어머니도 양반이면(q) 부모가 모두 양반인 경우(p & q)에 해당하므로 조선의 제도에 따라 자식도 양반이 될 것입니다.

　자, 그러면 다시 문제의 춘향으로 돌아가죠. 춘향의 아버지는 양반입니다. 그런데 어머니는 기생으로 양반이 아닙니다. 그렇다면 앞서 본 진리표에서는 p가 참, q가 거짓인 경우에 해당하지요. 따라서 결론은 거짓입니다. 즉 춘향은 양반이 아닙니다. 그리고 아버지가 양반이더라도 어머니가 천민이면 그 자식은 어머니의 신분을 물려받았던 조선의 관습에 따라 변 사또는 춘향이 기생이라고 판단해서 자기 앞으로 데려오라고 명령한 것이지요.

변 사또의 이런 주장에 대해 호방은 춘향이 은퇴한 기생의 딸이기는 하지만 이미 양반인 이 도령과 백년해로를 약속했다고 합니다. 호방의 말을 풀어서 쓰자면 양반 남자는 첩을 둘 수 있는데 춘향과 이몽룡이 백년해로를 약속했으니 춘향은 이몽룡의 첩이 아니겠느냐는 겁니다. 조선 시대에 양반은 양반하고만 결혼할 수 있었기 때문에 애초에 춘향은 이 도령과 결혼할 수 없긴 했습니다. 그래서 호방도 이 도령이 첩으로 춘향을 데려간다고 했던 것이지요.

하지만 변 사또에게는 이 말 역시 이치에 닿지 않았습니다. 이 도령은 장가도 가지 않았는데 어떻게 춘향을 첩으로 데려가겠느냐고 묻거든요. 이 도령이 이미 양반집 여식과 결혼했으면 첩을 둘 수 있으니까 상관없지만, 아직 결혼도 하지 않은 이 도령이 첩부터 먼저 들일 수는 없다는 말입니다. 그러므로 춘향은 아직 관청에 속한 기생이라는 뜻이지요. 자, 이런 변 사또의 주장은 타당한 형식인 부정식으로 표현할 수 있습니다.

p: 춘향은 첩이다.

q: 이 도령은 장가를 갔다.

1. p → q (춘향이 첩이라면 이 도령은 장가를 갔을 것이다.)

2. ~q   (이 도령은 장가를 가지 않았다.)

3. ∴ ~p (따라서 춘향은 이 도령의 첩이 아니다.)

변 사또가 생각하기에 춘향은 기생의 딸이니 기생이고, 이 도령과 백년해로를 약속했다고 하나 아직 이 도령은 결혼하지 않았기 때문에 첩도 아닙니다. 따라서 춘향은 여전히 기생입니다.

변 사또의 판단은 앞선 논리로 충분히 뒷받침이 됩니다. 형식적으로도 별문제가 없고요. 자기 논리에 자신감이 있는 변 사또는 춘향을 당장 데려오라고 호통을 칩니다.

숨 가쁘게 춘향과 변 사또의 논쟁을 살펴봤으니 잠깐 쉬었다 가지요. 바로 직전에 살펴본 연언과 닮은 듯 다른 선언(∨)에 대해 짚고 가려고 합니다. 연언으로 연결된 'p & q'는 p, q가 모두 참일 때만 참이라고 했습니다. 그런데 선언으로 연결된 'p∨q'는 p, q 중 하나만 참이어도 참이 됩니다.

사람들은 돈과 명예와 권력을 모두 원합니다. '그리고'로 연결되니 이 문장은 연언이겠지요. 이렇게도 쓸 수 있습니다.

사람들이 원하는 바: 돈 & 명예 & 권력

이 논리식이 만족되려면 돈, 명예, 권력, 세 가지가 동시에 갖춰져야 합니다. 다만 현실에서는 매우 어렵겠지요. 그래서 사람들이 무리해서 전부 욕심내다가 사고가 터지기도 하고요.

옛날부터 철학자들은 사람들에게 욕심을 버리라고 조언했습니다. 고대 그리스의 스토아학파에서는 욕심을 줄이는 것이 마음을 다스리는 지름길이라 말했습니다. 불교에서도 집착을 버리라고 가르치지요. 욕심내지 말고 여러 가지 중 하나만 이루겠다고 마음먹는 게 바람직하며 실제로도 성공할 가능성이 높다는 겁니다. 철학자들의 말은 선언문으로 쓸 수도 있습니다.

철학자들의 조언: 돈 ∨ 명예 ∨ 권력

선언문에서는 세 가지 중 하나만 갖추고 있어도 됩니다. 바로 돈, 명예, 권력 중 하나만 있어도 성공이라고 할 수 있다는 의미이지요. 그리고 그 이상 탐내지 않아도 괜찮습니다. 사실 모든 욕심을 버리고 마음을 비우기란 어렵기 때문에 우리는 선언문 형식의 인생을 살아가는 편이 좋을 듯합니다. 참고로 공자는 이 중에서 명예를 선택하라고 추천했습니다. 공자의 가르침 중에 군자라면 무릇 남의눈이 없는 순간에도 삼가야 한다는 것이 있는데, 바로 명예를 지키라는 뜻과 통합니다. 명예란 자기 자신에게 스스로 부여하는 것이기도 하거든요.

잠시 샛길로 빠져서 연언과 선언에 대해 알아봤습니다. 춘향과 변 사또의 대결은 아직 끝나지 않았는데요, 계속해서 지켜보죠.

그래, 기생이라고 하자
: 춘향의 승부수, 귀납법!

나졸들은 할 수 없이 춘향을 잡아 와서 변 사또 앞에 앉힙니다. 춘향은 얼굴에 검댕을 칠했지만 미모를 숨길 수는 없었지요. 변 사또는 당장 수청을 들라고 명령합니다. 춘향은 어떻게 받아쳤을까요? 자기는 기생이 아니라고 했을까요? 아닙니다. 이번에는 일부종사, 즉 한 남편만을 섬겨야 하기 때문에 수청을 들 수 없다고 합니다.

법이나 제도에 호소해도 문제가 해결될 듯하지 않으니까 다른 방식을 선택한 겁니다. 그 다른 방식이란 열녀라는 가치에 호소하는 것이었지요. 충신은 두 임금을 섬기지 않듯이 열녀도 두 남자를 섬길 수 없다고 말입니다.

춘향은 자신에게 불리한 법이 아니라 자신에게 유리한 문화적 가치를 꺼내 들었습니다. 쉽게 말해 자기 홈그라운드에서 경기하자는 뜻이지요. 홈그라운드가 여러모로 훨씬 맘 편하고 유리하지 않겠습니까.

춘향의 새로운 전략에 변 사또도 처음에는 열녀임을 칭찬합니다. 하지만 그도 만만치 않습니다. 곧바로 자신의 홈그라운드로 옮겨 가거든요. 당연히 변 사또의 홈그라운드는 법이나 제도의 테두리 안이지요.

변 사또는 춘향에게 기생이 무슨 수절이고 열녀냐며 윽박지릅니다. 기생 주제에 열녀 타령을 하다니 기가 막힌다고 호통을 치지요. 여러 남자들과 술도 마셔야 하고 노래도 불러야 하는 기생이 열녀라니, 언뜻 이치에 맞지 않아 보이니까요. 춘향은 과연 이 위기를 극복할 수 있을까요?

춘향은 과감하게 정면 돌파를 선택합니다. '그래, 내가 기생이라고 치자. 그래서 어쨌다는 것이냐?' 하는 식으로 맞서거든요. 잠시 춘향의 말을 들어 봅시다.

"열녀에도 양반 상놈이 있더이까? 좋소, 내가 기생이라 합시다. 기생에는 열녀 없다 하니 내 낱낱이 알려 주리다. 두 귀 싹싹 비비고 똑똑히 들으시오. 청주 기생 화월이는 삼층각에 열녀문 세워졌고, 진주 기생 논개는 우리나라 충신으로 충렬문에 모셔졌고, 평양 기생 월선이도 충렬문에 들어 있소. 더 읊으리까? 기생이라고 더 이상 무시하지 마오."

춘향은 과거에 기생 중에서 열녀가 된 예들을 근거로 삼습니다. 기생이라고 해도 열녀가 된 경우가 여럿 있었는데, 자기라고 열녀가 되지 못하리라는 법은 없다는 말이지요. 그럴듯하지 않습니까? 이때 춘향의 논리는 귀납법을 사용한 것입니다. 귀납이란 많은 사례를 늘어놓은 뒤에 '이것도 같은 경우이니 참이다.'라고 주장하는 방법입니다. 과거에 기생 중에서 열녀가 된 경우들이 있었으니 나도 열녀가 될 수 있다, 이런 논리이지요. 귀납법의 결론은 사례가 많을수록 신뢰도가 높아집니다. 기생인 열녀 3명보다는 100명을 제시하는 편이 훨씬 믿을 만하겠지요. 물론 춘향이 근거로 든 사례가 충분치 않다는 비판이 나올 수 있습니다. 하지만 더 큰 약점이 있습니다. 조금 후에 살펴보지요.

논쟁을 할 때는 상대의 가장 큰 약점을 집중적으로 공격하는 것이 효과적입니다. 농구 경기를 떠올려 봅시다. 평균 신장이 작은 팀과 시합할 때는 높이가 상대의 가장 큰 약점이므로 이 점을 공략해야 합니다. 주로 골대 밑에서 공격하는 것이지요. 슛이 들어가지 않아도 다시 튀어나온 공을 잡아서 득점할 수 있으니까요. 이와 마찬가지로 논쟁에서도 상대의 주장 중 가장 취약하면서도 핵심적인 부분을 공략하는 것이 효과적입니다.

변 사또는 춘향의 가장 결정적인 약점이 기생 신분임을 알고 있습니다. 그래서 거듭해서 그 약점을 공격했습니다. 하지만 춘향은 물러서지 않고 자기의 약점을 과감하게 인정합니다. '내가 기생인데, 그게 어때서?' 하는 식이지요. 기생이라고 해도 수청을 거부할 이유가 있다면 춘향이 이기지 않겠습니까? 그래서 춘향은 과거의 예를 들어 기생도 열녀가 될 수 있다며 자기의 주장에 힘을 싣습니다.

춘향의 귀납법에 변 사또도 더 이상 할 말을 잃습니다. 춘향이 기생이라는 게 자기주장의 가장 큰 근거인데, 그 근거가 무너졌으니 당황할 수밖에요. 따라서 논리로 안 되니까 폭력을 사용합니다. "매우 쳐라!" 하고 명령을 내리지요. 논리 승부에서 지면 결과를 받아들일 줄 알아야 하는데 자기에게 힘이 있다고 해서 폭력에 기대다니, 이것은 힘에 호소하는 오류일 뿐 아니라 그 자체로 자신의 패배를 인정하는 셈이지요. 친구 사이에도 말싸움을

하다 밀리면 주먹을 휘두르는 경우가 종종 있지요. 그래 봤자 자기가 논리 싸움에서 졌다는 증거밖에 안 됩니다.

어쨌든 변 사또는 춘향이 수청을 들어야만 한다는 주장을 논증을 활용해 잘 이끌어 가다가 춘향의 결정적인 반박에 무너지고 맙니다. 그래서 곤장을 치고 옥에 가두며 춘향에게 폭력을 휘두르지요. 이쯤에서 『춘향전』에 숨어 있는 논리 탐구를 마무리할 수도 있습니다만 조금 아쉽네요. 예전부터 알던 내용과 크게 다르지도 않고요. 그러니 조금 다른 방향에서 바라봅시다. 바로 변 사또의 입장에서 말입니다.

과연 변 사또가 논쟁에서 이길 방법은 없었을까요? 물론 변 사또는 악독한 관리이고 춘향의 적이지만, 우리는 『춘향전』을 논리적으로 분석하고 있으니까 변 사또와 춘향의 논쟁에서 다른 가능성은 없었을지 탐구해 봅시다. 답을 먼저 알려 주자면, 변 사또가 이길 방법이 없는 것은 아닙니다. 그 방법을 알려면 일단 춘향의 주장을 뜯어봐야 합니다.

춘향은 열녀가 된 기생 세 명을 근거로 들었습니다. 그런데 그 세 명의 사례가 모두 결론의 근거로서 적당할까요? 가장 눈에 띄는 논개부터 따져 봅시다. 논개는 임진왜란 때 왜장을 끌어안고 강물에 뛰어들어 죽은 기생입니다. 기생이었지만 나라를 위해서 제 목숨을 바친 공으로 충신이 되어 충렬문이 세워졌지요.

이에 반해 춘향의 사랑은 나라를 지키는 일과는 별 관계가 없습니다. 변 사또가 악덕 관리이기는 해도 왜군의 적장은 아니지 않습니까? 엄격히 따지면 이 사건은 개인의 연애를 둘러싸고 벌어진 일일 뿐입니다. 따라서 논개와 춘향은 경우가 달라도 한참 다르다고 할 수 있지요. 그러니 논개의 예는 춘향에게도 적용될 수 있다고 보기 어렵습니다.

평양 기생 월선도 논개와 마찬가지로 임진왜란 때 적장을 죽인 공을 기리고자 충렬문이 세워졌습니다. 그렇다면 월선의 경우도 개인적인 연애와는 전혀 다른 이야기입니다.

청주 기생 화월이에게는 어떤 사연이 있었는지 정확히 알 수 없지만 벌써 3분의 2가 적절하지 않은 근거로 판명 났네요. 근거가 잘못됐으니 춘향의 주장도 힘을 잃게 됩니다. 얼핏 보기에는 춘향이 수청을 거부할 근거로 마땅한 것 같았지만, 하나하나 따지면 그렇지 않다는 사실을 알 수 있습니다.

상대가 제시한 근거를 세세히 따지는 것이 바로 귀납법을 무너뜨리는 방법 중 하나입니다. 춘향의 주장을 보기 쉽게 정리하면 다음과 같습니다.

1. 청주 기생 화월이는 삼층각에 열녀문이 세워졌다.

2. 진주 기생 논개는 충신으로 충렬문에 모셔졌다.

3. 평양 기생 월선이도 충렬문에 들어갔다.

∴ 기생도 열녀가 될 수 있다.

그러고 나서는 연역법을 사용해서 자기에게도 적용합니다.

1. 기생도 열녀가 될 수 있다.

2. 나는 기생이다.

∴ 나도 열녀가 될 수 있다.

　그런데 문제는 춘향이 귀납법의 근거로 제시한 세 가지 예 중에 논개와 월선은 근거로 삼기 어렵다는 점입니다. 따라서 춘향의 논증은 설득력이 조금 떨어집니다.

　만약 변 사또가 이런 식으로 춘향의 논증을 허물었다면 곤장을 칠 필요도 없었을 테고, 옥에 가두지 않았을지도 모릅니다. 논리 싸움에서 이겼는데 뭐하러 힘을 쓰겠습니까? 변 사또도 나름 논리 정연했지만 논리학 공부가 약간 부족했습니다.

논증의 구조를 알자

논증이란 전제와 결론으로 이루어진 명제들의 집합입니다. 이쯤에서 다시 한 번 각각의 개념을 짚고 넘어갈까요? 이어지는 논증을 봅시다.

1. 모든 사람은 죽는다.
2. 나는 사람이다.
3. 따라서 나는 죽는다.

먼저 명제란 '참 또는 거짓을 가릴 수 있는 문장'입니다. 앞선 예에서 1, 2, 3번은 모두 명제입니다. 참과 거짓을 따질 수 있으니까요. '창문 닫아라!' 같은 명령문이나 '영화 보러 가자.' 같은 청유문과는 다릅니다.

집합이란 특정한 관계나 성질에 따라 모이는 겁니다. 그리고 논증을 이루는 명제들은 '전제와 결론'이라는 관계를 맺어야 하지요. 앞선 논증에서 1, 2번은 3번의 근거로 쓰였습니다. 즉 1, 2번은 '전제'이고, 3번은 '결론'입니다.

그리고 많이들 헷갈리는데, 논법과 논증은 다른 개념입니다. 논법은 논리적인 논증을 펼치는 방법이지요. 실제로 하나의 논증에서 여러 논법을 사용하기도 하고요. 귀납법, 연역법도 논법의 일종입니다. 이렇게 널리 인정되는 논법을 사용하면 논증을 만들 때 꽤 편리합니다.

3

좋은 논증을 만들려면?

성적이 좋으면 선택의 폭이 넓어진다고?
: 좋은 논증에는 특별한 점이 있다

　여러분에게는 어떤 꿈이 있나요? 많은 어른들이 요즘 청소년
은 꿈도 없고 의욕도 없어 큰일이라고들 말합니다. 큰 뜻을 품고
꿈을 이루기 위해 열심히 노력해야 하는데 꿈이 없으니 의욕도
없고 노력도 하지 않는다는 겁니다.

　하지만 제 생각에는 그렇게 간단한 문제가 아닙니다. 남에게
자기 꿈을 이야기해 봐야 돌아올 말이 뻔하기 때문에 아예 말하
지 않는 경우도 있거든요. 예를 들어 아르바이트로 생활을 근근
이 이어 가더라도 남는 시간은 모두 취미 생활에 몰두하는 것이

꿈이라고 한다면 어른들이 좋은 소리를 할 것 같지 않네요.

　게다가 실제로 간절히 원하는 꿈이 딱히 없는 경우도 꽤 있습니다. 다 그럴듯하고 좋아 보이기는 하는데 막상 '이거다!' 할 만큼 끌리는 것은 없는 상태이지요. 이런저런 상황에 놓인 여러분에게 선생님이나 부모님은 종종 다음과 같이 말씀하십니다.

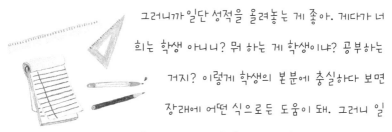

　"잘 모르겠으면 일단 공부를 열심히 해서 성적을 높여 놔. 그러면 나중에 진로를 선택할 때 폭이 넓어지잖니? 나중에야 변호사가 되고 싶다고 생각해도 성적이 중간 정도밖에 안 되면 꿈을 이룰 수가 없단 말이야. 그러니까 일단 성적을 올려놓는 게 좋아. 게다가 너희는 학생 아니니? 뭐 하는 게 학생이냐? 공부하는 거지? 이렇게 학생의 본분에 충실하다 보면 장래에 어떤 식으로든 도움이 돼. 그러니 일단 공부 열심히 해서 성적을 올리자고. 알겠지?"

　그럴듯하지요. 어른들의 말이 그럴듯해 보이니까 여러분은 무조건 고개를 끄덕이면 될까요? 지금부터 이 주장이 좋은 논증의 조건을 얼마나 만족하는지 살펴보려 합니다. 좋은 논증의 조건에는 관련성, 전제의 참, 충분함, 반박 잠재우기 등이 있습니다.

지금은 무슨 소리인지 잘 모르겠지만 하나하나 따져 볼 테니 잘 따라오길 바랍니다. 그럼 검토하기 위해 우선 어른들의 말을 논증의 형식으로 정리해 볼까요?

1. 특별한 꿈이 있는 것도 아니다.

2. 무엇을 잘하는지도 알지 못한다.

3. 학생의 본분은 공부하는 것이다.

4. 성적이 좋으면 대학 선택의 폭이 넓다.

∴ 우선 성적을 올려놓고 보아야 한다.

전제와 결론의 관련성부터 따져 보겠습니다. 성적을 올려야 한다는 결론과 특별한 꿈이 없다는 전제 사이에 어떤 관련이 있습니까? 특별한 꿈이 없다고 해서 반드시 공부를 열심히 해야 하는 것은 아닙니다. 꼭 공부가 아니더라도 무언가에 열중하다 보면 꿈을 발견할 수도 있으니까요. 그렇다면 체력을 기르든 책을 읽든 여행을 떠나든, 무언가에 몰두하면 좋겠습니다. 이 중에서 체력은 나중에 무슨 일을 해도 필요하고 더욱이 청소년기에 체력을 기르지 않으면 평생 고생할 확률이 높기 때문에 어떤 의미로는 공부보다도 중요할 수 있습니다. 책도 마찬가지입니다. 학교 공부에서 벗어나 다양한 책을 읽음으로써 앞으로 평생 동안 지닐 풍부한 교양을 갖출 수 있으니까요.

하지만 특별한 꿈이 없다는 전제와 공부를 열심히 하라는 결론 사이에 아무런 관련이 없다고 딱 잘라 말하기도 어렵습니다. 학교 공부도 인생을 사는 데 꼭 필요하긴 하니까요. 그저 결정적으로 관련되어 있는 것은 아닌 정도겠지요.

"무엇을 잘하는지도 알지 못한다."라는 두 번째 전제도 마찬가지입니다. 무엇을 잘하는지 모른다면 공부 이외의 것에 적극적으로 도전해 볼 필요가 있습니다. 연극을 해 볼 수도 있고, 가수 오디션에 나갈 수도 있습니다. 따라서 무엇을 잘하는지 알지 못한다는 전제와 우선 성적을 올려야 한다는 결론 사이에도 관련성이 크지 않습니다.

그럼 세 번째 전제는 어떨까요? 학생에게는 공부뿐만 아니라 학교에서 선생님 말씀을 잘 따르고 친구들과 우애 있게 지내는 일도 중요합니다. 하지만 학생이라는 말의 정의는 엄연히 '학교에서 공부하는 사람'입니다. 그러니 학생의 본분이 공부하는 것이라는 전제는 결론과 관련성이 깊다고 할 수 있겠네요.

네 번째 전제로 넘어가지요. 성적이 좋으면 보통 대학교와 학과를 선택할 때 폭이 넓습니다. 요즘은 입학 사정관제다 뭐다 해서 입시 제도가 다양해지긴 했지만 성적을 올리는 것과 대학 선택의 관련성은 여전히 높다고 할 수 있습니다.

이렇게 따져 보면 관련성이라는 것이 생각보다 선명하지 않습니다. 전제와 결론 사이에 관련이 있느냐를 따졌지만 명쾌하지 않고 정도의 차이만 있을 뿐이네요. 물론 전부 관련 없는 경우도 있습니다. 이럴 때가 바로 비형식적 오류에 해당합니다.

네 가지 전제의 관련성을 따져 봤으니 다음으로 전제의 참을 살펴보겠습니다. 첫 번째 전제는 사실인가요? 보통 청소년은 특별한 꿈이 없다는 것을 사실로 받아들여도 될까요? 그런 친구들이 많아 보이지만 앞서 봤듯이 상당히 의심스럽기도 합니다. 그러니 '어느 정도 참'이라는 정도로 정리하면 되겠네요.

두 번째 전제도 마찬가지입니다. 실제로 조사해 통계를 내 본 것은 아니지만 자기가 무엇을 잘하는지 모르는 청소년이 있는 것은 분명해 보입니다. 의심할 수 없는 사실은 아닐지언정 어느 정도 참이기는 합니다. 그리고 학생의 본분에 관한 세 번째 전제는 앞서 설명했듯이 사실이라고 해도 괜찮겠습니다.

그렇다면 네 번째 전제는 어떨까요? 성적이 좋으면 대학 선택의 폭이 넓어진다는 명제 말입니다. 얼핏 보면 참인 것 같습니다.

1등인 학생 앞에 놓인 선택지가 30등인 학생보다는 폭이 넓어 보이니까요. 하지만 막상 현실에서는 그렇지도 않습니다. 실제로 전교 1등을 하면 주위 사람의 기대가 커지면서 실질적인 선택의 폭이 매우 좁아집니다. 만약 전교 1등이 부모님과 선생님께 전문대에 가고 싶다고 말한다면 어떻게 될까요? 아마 자기 소신대로 진학하기 어려울지 모릅니다. 부모님도 선생님도 모두 성적이 아깝다고 말씀하실 테니까요. 주변 사람들이 죄다 설득에 나서면 그 압력에 맞서 이기기가 참 힘듭니다.

그렇기 때문에 네 번째 전제는 참이라고 하기 어렵습니다. 냉정하게 생각했을 때 선택의 폭이 넓은 성적은 오히려 중하위권일 수도 있습니다. 선생님도 부모님도 어느 대학에 가라고 밀어붙이기보다는 당사자에게 맡길 가능성이 크거든요. 그런 경우에는 자기 취향대로 진학할 수 있겠지요.

이렇게 따져 보면 참 거짓도 선명한 개념이 아니라는 것을 알 수 있습니다. 물론 명백히 참이나 거짓인 명제도 있지만 정도의 차이를 보이는 경우도 흔하지요. 그래서 요즘은 참보다는 '정당하다'라는 말을 쓰기도 합니다. 얼마나 정당화되느냐? 이렇게 묻는 것이지요.

네 가지 전제의 관련성과 참에 대해 살펴봤으니 이제 이 전제들로 "우선 성적을 올려놓고 보아야 한다."라는 결론을 내릴 수 있는지 정리해 봅시다. 관련성과 참을 기준으로 표를 그릴 수 있습니다. 이를 통해 우리는 좋은 논증의 또 다른 조건인 '충분함'에 대해 알아보려 합니다.

	전제 1	전제 2	전제 3	전제 4
관련성	적음	적음	많음	많음
참	반쯤 참	반쯤 참	참	조금 참

어떤가요? 생각보다 전제와 결론의 관련성도 두드러지지 않고, 참이라고 할 수 있는 전제도 적지 않습니까? 이 전제들로는 "우선 성적을 올려놓고 보자."라는 결론을 이끌어 내기에 충분하다고 하기 어렵지요. 평균을 내자면 보통인 정도입니다.

특히 결정적인 근거가 제시되지 않았습니다. 공부를 열심히 해야 할 결정적인 이유가 뭘까요? 아마도 "성적이 좋으면 대학 선택의 폭이 넓다."라는 네 번째 전제일 것 같은데, 앞서 봤듯이 이 전제는 반드시 참이라고 믿기 어렵습니다.

결정적 근거는 '충분함'에 있어 중요한 요소입니다. 때로는 결정적 근거 하나만 있어도 충분히 결론을 내릴 수 있거든요. 그렇다면 논증에 있어서 결정적 근거란 무엇일까요? 예를 들어 보겠습니다. 친자 확인이라는 말을 뉴스나 드라마에서 들어 본 적 있지요? 부모 자식 간으로 의심되는 두 사람이 있습니다. 아무리 외모가 닮고 출산 당시를 둘러싼 증언들이 그럴듯하더라도 그것만으로는 두 사람이 친자라고 말하기에 충분하지 않습니다. 모든 전제가 결론과 관련되어 있고 참이라고 해도 여전히 무언가 부족합니다.

무엇이 부족한지 여러분도 짐작할 수 있겠지요? 바로 유전자 검사 결과입니다. 친자 확인을 하면서 과학적인 검사를 빠뜨렸다면 쉬이 믿기 어렵습니다. 오히려 다른 근거가 제시되지 않더라도 유전자 검사 결과만 있으면 결론을 내리는 데 충분하겠지요.

어떤 논증이든 결정적인 근거가 제시되지 않았다면 '충분함'을 만족한다고 보기 어렵습니다. "우선 성적을 올려놓고 보아야 한다."라는 결론은 친자 확인처럼 과학적 근거를 제시하기는 어렵겠지만 다양한 사례 분석과 통계 자료가 뒷받침되었다면 좀 더 나은 논증이 되었을 겁니다.

좋은 논증이 되기 위한 마지막 조건은 바로 '반박 잠재우기'입니다. 쉽게 말해서 결론에 대한 반대 의견이 있을 때 얼마나 잘

방어할 수 있느냐는 겁니다. 그런 면에서 '우선 성적을 올려놓고 보자.'라는 논증은 불합격에 가깝습니다. 결론에 쏟아질 반대 의견이 예상되는데도 이 논증에서는 전혀 다루지 않았거든요. 여러분이라면 우선 성적을 올리자는 결론에 어떤 반대 의견을 내겠습니까? 학교 성적보다 성격 형성이 먼저라든지, 좋은 친구를 사귀는 것이 장래에 더 도움이 된다든지, 건강하게 자라는 것이 제일이라든지, 여러 가지 반박이 가능하겠지요. 논증을 세울 때부터 미리 반박을 잠재울 준비를 했더라면 더 좋은 논증이 되었을 텐데 전혀 그러지 못했습니다.

관련성, 전제의 참, 충분함, 반박 잠재우기. 이 네 가지 기준을 바탕으로 평가하면 어른들의 충고는 아주 좋은 논증이라고 보기 어렵습니다. 이렇듯 처음에 들었을 때는 그럴듯하게 느껴지는 논증 중에도 천천히 하나씩 살펴보면 의외로 별 볼 일 없는 경우가 많습니다. 이런 식으로 따져 나가면 지금 우리가 품고 있는 생각도 더 단단한 근거를 갖춘 것으로 변하지 않을까요? 자, 지금까지 알아본 좋은 논증의 네 가지 기준을 잘 기억해 두시기 바랍니다. 이제 이 기준들을 바탕으로 『흥부전』에 나오는 논증을 평가해 볼 테니까요.

마음은 착한데 밥벌이를 못하는 동생
:『흥부전』에서 놀부가 흥부를 쫓아낸 이유

　여러분은『흥부전』에서 가장 인상 깊게 본 장면이 무엇이었나
요? 저는 흥부가 구걸하러 갔다가 형수, 즉 놀부의 아내에게 밥풀
이 붙어 있는 밥주걱으로 맞는 장면이 제일 기억에 남습니다. 이
장면만 떠올리면 놀부는 천하의 악당이고 흥부는 세상에서 제일
불쌍한 사람이 되고 맙니다. 물론 놀부는 우리가 아는 대로 심술
궂고 심성이 고약한 인물입니다. 하나뿐인 동생을 쫓아내는 것
만 봐도 알 수 있지 않습니까? 하지만 이 책에서는 여기서 멈추
지 않고 한발 더 나아가려고 합니다.『흥부전』에 나오는 논증들

은 과연 좋은 논증의 조건을 만족할까요?

놀부가 흥부를 집에서 쫓아내는 장면부터 살펴보지요. 과연 동생을 쫓아낸 놀부에게도 이해해 줄 만한 구석이 있을까요? 아니면 두말할 나위 없이 아주 몹쓸 짓이었을까요?

남도 잘 도와주고 동네일이라면 무엇이든 나서서 해결해 주지만, 정작 자기 밥그릇은 챙기지 못해서 가족들을 고생시키는 사람이 가끔 있습니다. 나무랄 데 없이 착하지만 제 밥벌이는 못하는 사람을 여러분은 어떻게 생각하나요? 아마 내 가족만 아니라면 좋은 사람이라고 말하겠지만, 가족이라면 문제가 달라질 수도 있습니다. 이런 일이 바로 놀부에게 일어났습니다.

놀부는 흥부가 동네에서 평판이 좋다는 것을 잘 알고 있었습니다. 하지만 벌이를 못한다는 점에 대해서는 아주 못마땅하게 여겼지요. 동생이 돈을 전혀 벌지 못하니 형인 놀부가 동생네 식구까지 다 먹여 살려야 했거든요. 참다못한 놀부는 결국 흥부를 내쫓고 맙니다.

"그동안 우리 집 살림살이는 내가 다 장만했고 수만 마지기 눈밭도 내가 늘려 놓았다. 하지만 이제 게을러터진 네놈 좋은 일은 더 못하겠구나.

여태까지 네놈 식구들이 먹은 것을 갑절로 받아 내지는 못할망정 더 먹이고 재우지는 않을 테니, 오늘 당장 네 처자식들 앞세우고 집을 나가거라."

가족까지 책임져 주던 형에게서 버림받다니, 흥부는 눈앞이 캄캄해졌겠네요. 여기서 우리는 과연 흥부를 쫓아낸 놀부의 논리가 정당한지 따져 보려 합니다. 놀부는 이유를 몇 가지 제시했습니다. 하나씩 살펴봅시다.

첫 번째 이유는, 놀고먹는 사람은 돌봐 줄 필요가 없다는 겁니다. 놀부 말에 따르면 흥부는 일을 열심히 하지 않는다고 합니다. 실제로는 늘 이웃을 돕느라 분주했던 것이지만 놀부가 말하는 '일'이 제 몸과 제 가족을 건사하는 것이라면 틀린 말이라고 할 수 없겠네요.

열심히 일을 하는데도 형편이 어렵다면 도와줄 수 있겠지요. 하지만 흥부처럼 정작 본인이 해야 할 일은 내버려 둔 채 분수도 모르고 남 돕는 일에 앞장서면 형님인 놀부가 보기에는 야속했을지 모릅니다. 여러분도 아마 놀부의 입장이라면 넓은 마음으로 도와주기가 쉽지 않을 겁니다.

게다가 벌이도 없으면서 자식은 아주 많습니다. 흥부의 자식은 무려 스무 명이 넘는다고 하네요. 애초에 부자가 아닌 이상 딸린 자식이 이렇게 많다면 아주 부지런히 일해야겠지요. 그런데 흥부는 벌이가 없습니다. 남에게 칭찬받는 일은 많이 하지만 정작 자식을 키우는 데 들어가는 돈이나 음식은 나 몰라라 합니다. 이런 사람을 무책임하다고 해야겠지요. 그렇다면 그 많은 흥부의 자식은 누가 입히고 먹이겠습니까? 흥부의 아내도 부잣집에서 시집와 험한 일을 해 본 적이 없었다 하니 오롯이 놀부의 몫으로 남았겠지요.

하지만 참는 데도 한계가 있지 않겠습니까. 그래서 놀부가 흥부에게 얼마나 더 네 자식들을 먹여야 하느냐고 힐난하는 겁니다. 야멸차긴 해도 놀부 말에 틀린 구석이 없네요.

놀부가 흥부를 내쫓은 두 번째 이유는, 집안의 재산을 일구는데 흥부는 전혀 보태지 않았다는 겁니다. 앞에서 인용한 부분을 보면 놀부는 지금의 재산은 모두 자기 노력으로 모은 것이니 더이상은 도와주지 못하겠다고도 말합니다.

만약 부모에게서 재산을 많이 상속받았다면 문제는 달라지겠지요. 부모가 남겨 준 재산을 형이 다 가로채고 동생을 내쫓는다면 당연히 형은 비난받아야 할 것입니다. 하지만 부모에게서 물려받은 재산이 없다면 얘기가 달라질 수 있습니다. 놀부의 재산은 모두 자신이 열심히 일해서 모은 것입니다. 비록 심술보가 붙어 있어 남한테 여러 장난이며 해코지를 했다고 쓰여 있지만, 자기 재산은 소중히 여겨 논에 수시로 물을 갈고 밭을 제때 김매고 때맞춰 거둬들인다는 내용이 나옵니다.

따라서 자기 재산으로 동생과 그 가족을 먹여 살릴지 말지는 냉정하게 말해서 놀부의 마음에 달린 것입니다. 그리고 놀부는 게을러서 자기 앞가림도 못하는 동생의 사정을 더 이상 봐줄 마음이 없습니다. 하는 일 없이 놀고먹는 동생을 도와주지 않겠다는 것은 비교적 객관적인 이유로 보입니다. 그런데 거기서 그치지 않고 놀부는 그만 자신의 상처까지 드러내고 맙니다. 과연 놀부의 상처란 무엇일까요?

흥부, 넌 어렸을 때 호강했잖아!
: 놀부의 결정적 실수

놀부에게는 어렸을 때 부모님께 차별 대우를 당한 기억이 있었습니다. 동생 흥부는 주변의 사랑을 듬뿍 받고 자랐지만 자기는 별로 사랑받지 못했다고 여기고 있습니다. 바로 이것이 놀부의 상처입니다. 그리고 동생을 내쫓으려는 결정적 장면에서 자신도 모르게 그 상처를 드러냅니다. 그 때문에 놀부의 논리에도 치명적인 결함이 생기고 말지요.

"이놈, 흥부야. 내 말 잘 들어라. 부모님 살아 계실 적에 아무리 형제라도 너하고 나를 차별하시던 것을 너도 잘 알지? 참, 부모님도 야속하시지. 나는 집안 장손이라며 조상들 묘를 맡기고 글도 안 가르치고 밤낮으로 일만 시키며 소 부리듯 하셨다. 그런데 네놈은 둘째라 내리사랑 더하다고 당초 힘든 일도 안 시키고 밤낮으로 글만 읽게 하셨다. 그때 너 혼자 잘 먹고 잘 입던 것을 생각하면 지금도 억울하기 짝이 없다. 네놈은 부모님이 계실 적에 그렇게 호강을 했으니 나도 이제 기 좀 펴고 살아 보련다."

놀부는 자기가 당했던 차별을 아주 또렷이 기억하고 있군요. 어렸을 때는 흥부가 호강했으니 이제는 자기가 호강해야겠다는 겁니다.

물론 놀부가 차별받은 일은 안타깝습니다. 하지만 그렇다고 흥부를 내쫓겠다는 결정이 쉬이 납득되지는 않습니다. 왜냐하면 어렸을 때 실제로 차별 대우가 있었다고 해도, 그게 흥부의 잘못은 아니기 때문입니다.

누가 놀부와 흥부를 차별했나요? 흥부가 했나요? 아닙니다. 차별은 부모가 했지요. 부모한테 당한 일의 앙갚음을 동생인 흥부에게 하고 있으니, 이는 분명히 놀부의 잘못입니다. 놀부의 상처는 이해되고 공감할 수도 있지만 그렇다고 죄 없는 흥부에게 화풀이하면 안 되지요. 결국 잘못된 이유를 제시한 탓에 흥부를 내쫓은 놀부의 논리도 흐트러지고 말았습니다.

차별에 대한 앙갚음이라는 썩 정당하지 않은 이유가 있긴 했지만, 나머지 두 가지 이유는 꽤 정당해 보입니다. 흥부는 벌이를 하지 못해 제 식구를 스스로 돌보지 못했으니까요. 그러니까 놀부가 그저 욕심이 많아서 흥부를 내쫓은 것만은 아닙니다. 놀부 나름대로 설득력 있는 이유를 강력하게 제시했습니다.

썩 나가! vs 그래도 형제 아닙니까
: 놀부와 흥부의 치열한 논리 승부

어쨌든 이제 흥부는 하루아침에 길바닥으로 쫓겨날 위기를 맞았습니다. 놀부네에서 쫓겨나면 당장 잠잘 집은커녕 먹을거리를 마련할 방도도 없습니다. 평소에 모아 놓은 돈도 없고 부모에게서 물려받은 유산도 없기 때문입니다.

그렇다면 흥부에게 남은 방법은 형과 논리 싸움에서 이기는 것뿐입니다. 그러려면 놀부의 주장을 잘 파악해야 합니다. 바로 앞서 봤던 좋은 논증의 네 가지 조건을 만족하는지 따져 보는 겁니다. 지금껏 했던 대로 놀부의 주장을 정리해 봅시다.

---

1. 놀고먹는 사람은 돌봐 줄 필요가 없다.

2. 지금의 재산은 모두 내가 노력해서 모은 것이니 더 이상 흥부네 식구들을 도와줄 수 없다.

3. 어렸을 때 부모에게서 차별을 받았다.

∴ 흥부는 이 집에서 나가야 한다.

좋은 논증의 첫 번째 조건, 기억나나요? 전제와 결론의 '관련성'이었지요. 이것부터 살펴보겠습니다. 결론과 관련 없는 전제는 당연히 제외해야 합니다. 앞서도 얘기했지만, 알기 쉬운 예를 들어 보자면 경찰 대학의 지원 자격에 키는 포함되어 있지 않습니다. 경찰 업무와 키는 상관없기 때문입니다. 하지만 수사에 지장을 초래할 수 있는 색맹은 경찰 대학에 지원할 수 없습니다. 또

다른 예로 공부를 잘하는 것과 얼굴 생김새는 관련이 없습니다. 부모의 직업과 자녀의 인간성 사이에도 아무런 연결 고리가 없고요. 지금부터 이런 식으로 놀부의 논리에서 전제와 결론이 얼마나 관련되어 있는지 분석해 보겠습니다.

놀부가 제시한 세 가지 전제 중 첫 번째와 두 번째는 동생을 내쫓겠다는 결론과 관련되어 있습니다. 하지만 세 번째 전제는 별 상관이 없습니다. 차별은 어디까지나 부모가 저지른 잘못이고, 흥부에게 분풀이해서는 안 되니까요. 따라서 세 가지 전제 중 두 가지만 관련성이 두드러지고 나머지 하나는 관련성이 희미합니다. 결국 놀부의 주장이 조금 약화되었습니다.

좋은 논증의 두 번째 조건, '전제의 참'은 어떨까요? 세 번째 전제는 결론과 관련성이 없으니 첫 번째 전제와 두 번째 전제가 참인지만 따지면 되겠네요. '놀고먹는 사람은 돌봐줄 필요가 없다.'라는 첫 번째 전제는 참인 듯합니다. 그리고 '지금의 재산은 모두 내가 노력해서 모은 것이니 더 이상 흥부네 식구들을 도와줄 수 없다.'라는 전제도 크게 상식에서 벗어나지 않았지요. 따라서 두 전제 모두 정당하다고 할 수 있습니다. 참이라고 받아들일 만하지요. 만약 이 전제들이 실제 사실과 다르다면 흥부는 그 점을 꼬

집었어야 합니다.

두 가지 전제가 결론과 관련이 있고 참이니 놀부의 결론을 받아들이면 될까요? 그렇지만 뭔가 부족해 보입니다. 친동생을 내쫓는 중요한 일인데 단 두 가지 이유로는 쉬이 납득할 수 없지요. 납득하지 못한다는 건 결국 놀부의 주장이 좋은 논증의 세 번째 조건인 '충분함'을 만족시키지 못한다는 말입니다. 놀부가 제시한 전제들만으로는 동생을 내쫓는다는 결론을 내리기 어렵습니다. 그리고 우리가 놀부의 주장을 납득하지 못하는 건 머릿속으로 그에 대한 반박을 떠올렸기 때문이기도 합니다.

놀부의 주장은 좋은 논증의 네 번째 조건인 '반박 잠재우기'를 만족시키나요? 놀부의 주장에서 가장 부족한 점이 있는데, 바로 결정적인 반대 의견에 약하다는 겁니다. 결정적인 반대 의견이란 '그럼에도 흥부는 놀부의 동생'이라는 것입니다. 아무리 벌이가 없고, 책임감이 없는 것이 사실이라 해도 동생을 내쫓을 수 있습니까? 세상의 상식으로 볼 때 부모 형제는 누구보다 소중한 존재입니다. 남이 아니기 때문에 허물을 덮어 주고, 어떤 때는 자기 자신보다 소중히 여기기도 합니다. 놀부는 이 반박을 해결해야 합니다. 그래야 동생을 내쫓겠다는 놀부의 결론에 설득력이 생깁

니다.

홍부도 놀부의 주장에서 약점을 찾아냈는지 위기에서 벗어나기 위해 결정적인 반론을 내놓습니다.

"아이고 형님, 웬 말씀이오? 형제는 한 가지에서 난 몸이라 하나를 내치면 어찌 바르다 할 것이며, 또한 남들 손가락질을 어쩌란 말입니까?"

이에 대해 놀부는 뭐라고 답했을까요? 답하지 않았습니다. 놀부도 내심 흠칫 놀랐을 테지만 홍부가 그만 기회를 놓치고 말았습니다. 만약에 홍부가 형제 사이에 이럴 수 있느냐고 끝까지 밀어붙였다면 전세가 뒤집혔을지도 모릅니다. 하지만 홍부는 방향을 잘못된 쪽으로 돌려서 형에게 호소하고 맙니다.

"제 신세는 그렇다 치고, 젊은 아내와 어린 자식은 뉘 집에 의지하며 무엇을 먹고 살라는 겁니까? 아우 하나 있는 것을 나가라고 하시면 이 엄동설한에 어디로 가오리까? 지리산으로 가오리까, 태백산으로 가오리까? 그 옛날 백이와 숙제가 굶주려 죽은 수양산으로 가오리까?"

계속해서 형제 사이라는 점을 물고 늘어졌으면 좋았을 것을,

흥부는 아내와 자식이 불쌍하다고 호소했습니다. 이 추운 겨울에 어디로 가느냐며 거듭해서 놀부의 연민에 호소했지요. 놀부의 결정적인 약점을 놔두고 전형적인 '연민에 호소하는 오류'를 저지른 겁니다. 흥부는 불쌍하게 여겨 달라며 놀부의 감정에 매달린 탓에 일을 그르치고 말았습니다. 흥부가 보인 틈을 놓치지 않고 놀부가 냉큼 받아쳤거든요.

"이놈아, 내가 너 갈 곳까지 일러 주랴? 잔소리 말고 썩 나가!"

이로써 게임은 끝났습니다. 흥부가 결정적인 약점을 잡아 제대로 반박하지 못한 채 오류를 저질렀고, 놀부가 그 오류를 틈타서 마지막 공격에 성공했으니까요.

반복해서 말하지만 좋은 논증이 되려면 관련성, 전제의 참, 충분함, 반박 잠재우기라는 네 가지 조건을 만족해야 합니다. 놀부는 비교적 괜찮은 논증을 제시했지만, 결론을 내리기에 전제가 충분하지 않았고 반박에 약하다는 약점도 있었습니다. 흥부는 그 약점을 알아차렸지만 파고들 기회를 놓쳤지요. 결국 놀부와 흥부의 논쟁은 놀부의 압승으로 막을 내렸고, 흥부는 길거리에 나앉고 말았습니다.

절호의 기회에 오류를 저지르고 만 흥부가 안타깝습니다. 하지만 여러분은 이제 좋은 논증이란 무엇인지, 어떻게 좋은 논증을 가려낼 수 있는지 알겠지요? 이대로 넘어가기는 좀 아쉬우니 이어서 다른 고전의 논증도 평가해 보겠습니다. 바로 셰익스피어의 『오셀로』입니다. 앞서 살펴본 『햄릿』에는 가혹한 딜레마가 숨어 있었는데, 『오셀로』에서는 어떤 논리를 만나게 될지 기대해 봅시다.

감히 내 선물을 딴 남자한테 주다니
: 빈약한 추론이 빚은 비극『오셀로』

검은 피부의 무어인 오셀로 장군은 베니스 원로의 딸인 데스데
모나와 결혼합니다. 둘은 사랑하는 사이였으나 오셀로의 부하 이
아고의 간사한 음모에 빠지고 맙니다. 결국 오셀로는 아내의 목
을 졸라 죽이게 되는데, 뒤늦게 진실을 알게 된 오셀로도 스스로
목숨을 끊습니다.

오셀로는 성격이 급하고 의심이 많았기 때문에 비극을 자초했
습니다. 그런데 오셀로는 무슨 이유로 그토록 사랑하던 아내를
의심하고 목 졸라서 죽이기까지 했을까요?

과연 오셀로는 좋은 논증의 네 가지 조건을 모두 만족시키는 추론을 했던 것일까요? 우선 오셀로가 왜 아내를 의심하게 되었는지부터 알아봅시다. 참고로 셰익스피어의 작품은 원래 연극 공연을 위해 쓰인 희곡이라 이렇게 대사로 이루어져 있답니다.

오셀로　　　(데스데모나에게) 내가 그렇게 아끼다가 네게 준 손수건을
　　　　　　넌 카시오에게 주었어.

오셀로　　　(여러 사람 앞에서) 카시오가 고백했고
　　　　　　데스데모나는 제가 사랑의 표시이자 약속으로
　　　　　　그녀에게 처음 준 물건을 가지고
　　　　　　색을 좋는 그자의 행각에 보답했던 거랍니다.
　　　　　　제가 그걸 그자의 손에서 보았는데,
　　　　　　손수건이랍니다. 오래된 정표로서
　　　　　　제 아버님이 어머님께 드렸던 것이지요.

오셀로가 데스데모나를 의심한 근거는 그가 아내에게 주었던 손수건의 행방입니다. 자기가 아끼던 손수건을 아내에게 선물했는데, 다른 남자의 손에서 그 손수건을 발견했다는 것이지요. 이

근거를 바탕으로 오셀로는 다음처럼 생각했겠지요.

---

1. 데스데모나가 정을 통했다면 손수건이 카시오에게 있을 것이다.

---

2. 카시오가 손수건을 가지고 있다.

∴ 데스세모나는 정을 통했다.

오셀로의 추론은 다음과 같이 표현할 수 있습니다.

---

p: 데스데모나가 정을 통했다.

q: 손수건이 카시오에게 있다.

1. p → q (정을 통했다면 손수건이 카시오에게 있을 것이다.)

2. q   (손수건이 카시오에게 있다.)

3. ∴ p   (따라서 데스데모나는 정을 통했다.)

오셀로가 어떤 오류를 저질렀는지 알겠습니까? 바로 형식적 오류 중 '후건 긍정의 오류'입니다. 후건 긍정의 오류란 간단히 말해서 뒤의 문장이 맞으므로 앞의 문장도 맞다고 생각하는 오류입니다. 즉 'p → q인데 q이다. 따라서 p이다.'라고 추론하면 오류라

는 말입니다. 오셀로는 카시오에게 손수건이 있다고 해서 무조건 데스데모나와 정을 통했다고 결론을 내려서는 안 됐습니다. 다른 사정이 있었을 수도 있으니까요. 따라서 후건 긍정의 오류를 저지른 오셀로의 논증은 형식 자체가 부당하기 때문에 받아들일 수 없습니다. 이렇듯 형식만 보아도 오류가 드러나는 경우에는 좋은 논증의 조건을 만족하는지는 물론 전제가 참인지조차 따질 필요가 없습니다.

　오셀로가 오류를 저지르게 된 데는 그의 의심이 자리 잡고 있었습니다. 논리보다 감정이 앞섰던 것이지요. 아내의 손수건을 갖고 있는 카시오를 두 눈으로 똑똑히 보았습니다. 그러면 자연히 생각했겠지요. 어떻게 해서 카시오가 아내의 손수건을 손에 넣게 되었는가?

　냉정하게 따져 봤다면 여러 경우를 떠올렸겠지요. 우연히 떨어진 손수건을 주웠다든가, 누군가 훔쳐서 카시오의 방에 갖다 놓았다든가, 아니면 비슷하게 생겼지만 다른 손수건이라든가 등등 경우의 수야 얼마든지 있을 수 있습니다. 이렇게 경우의 수가 많을 때는 먼저 모든 가능성을 고려해서 하나씩 사실인지 확인해야 합니다. 그래서 카시오가 어떻게 손수건을 손에 넣었는지 밝힌 뒤에 추론해야 좋은 논증을 만들 수 있습니다. 사실을 확인하지 않고 오셀로처럼 섣불리 카시오와 아내가 정을 통했으니까 손수건을 주었을 것이라고 단정하면 오류입니다. 이 오류는 결국 사랑하는 사람을 잃는 비극으로 이어지고 말았지요.

작품 후반부에서 음모를 꾸민 이아고의 부인 에밀리아가 뒤늦게 사실을 고백합니다. 자기가 손수건을 훔쳤다고요.

> 에밀리아   오, 어리석은 무어인아, 문제의 손수건은
> 내가 우연히 주워서 남편에게 준 거야.
> 정말이지, 그런 하찮은 물건에 걸맞잖게
> 너무나 엄숙하고 진지한 태도로
> 훔쳐 달라고 졸라 댔으니까.

카시오 역시 데스데모나에게서 받은 게 아니라고 말하지요.

> 카시오   제 방에서 주웠지요.
> 그가 바로 지금 실토한 바에 따르면
> 그걸 특별한 목적으로 거기 떨어뜨렸고
> 소원대로 됐답니다.

XXX
X 92
XXX

달려라 논리 3

사실이 이렇게 밝혀졌으니 추론을 다시 세워야 합니다.

1. 그 손수건은 에밀리아가 훔친 것이다.

2. 이아고가 그것을 카시오의 방에 놓아두었다.

3. 카시오는 자신의 방에서 그것을 주웠다.

∴ 데스데모나는 손수건을 카시오에게 주지 않았다.

그렇다면 이 논증은 좋은 논증인가요? 전제가 모두 결론과 관련되어 있고 참입니다. 그리고 전제들로 충분히 결론을 뒷받침할 수 있지요. 그러나 반박을 잠재울 수 있느냐고 물으면 고개를 갸웃하게 됩니다. 바로 에밀리아와 카시오가 거짓말을 했을 가능성이 있기 때문이지요. 하지만 에밀리아와 카시오가 거짓말하지 않았다는 것은 실제로 따져 보면 알 수 있습니다. 모든 것은 이아고의 음모였으니까요.

다른 이야기입니다만 반박을 잠재우는 데 가장 뛰어난 사람들은 뜨내기 장사꾼일지도 모릅니다. 우연히 길을 가다 만난 장사꾼에게 물건을 산다고 가정해 봅시다. 가장 걱정되는 점이 무엇인가요? 대부분 물건에 이상이 있을 때 교환이 되거나 제대로 수리받을 수 있는지 못 미더워하지요. 장사꾼은 사람들의 걱정을 알고 있기 때문에 미리 선수를 칩니다.

"박스 뒷면을 보세요. 전화번호가 있습니다!"

하지만 그 자리에서 전화를 걸어 보는 경우는 극히 드물지요. 혹시나 확인해도 소용없을 겁니다. 아주 치밀한 장사꾼이라면 물건을 판매하는 동안은 전화받을 사람을 대기시켜 놓았을지도 모르니까요. 실제로 수리가 필요할 때 연락이 될지는 미지수입니다.

논쟁을 벌이다 보면 생각보다 반박을 잠재우는 데 애먹을 때가 많습니다. 그리고 어떤 때는 귀찮고 불필요해 보이기도 하지요. 하지만 언제든 반박이 들어올 수 있으니 준비를 해야 하고, 상대의 반박에 또 다른 반박을 제시할 줄도 알아야 합니다.

『오셀로』의 결정적인 장면에 오류가 끼어들었다는 것 때문에 작품을 낮게 평가할 수는 없습니다. 자신의 성격 탓에 오류를 저지르는 일, 그것은 삶에서 흔히 일어나는 불완전함이자 비극의 시작이기도 하니까요. 이를 문학 작품으로 승화시킨 작가가 바로 셰익스피어입니다.

생 각
도움닫기

논증이 '타당하다'는 것

논리의 주된 관심사는 논증의 '타당성'입니다. 논증이 타당하다는 것은 다시 말해 '전제가 참이라면 결론이 거짓일 수 없다.'라는 겁니다. 그래서 보통 삼단 논법 같은 연역 논증에서 주로 타당성을 따지지요. 그런데 중요한 점은 타당성은 논증 전체의 성질이라는 사실입니다.

전제들의 참과 거짓을 따지는 것은 타당성과 관계가 없습니다. 논증의 타당성을 따질 때는 먼저 모든 전제가 참이라고 가정하거든요. '전제가 참이라고 했을 때 결론도 참일 수밖에 없는가?' 이 물음에 '그렇다.'라고 답할 수 있어야 타당한 논증입니다.

전제들의 참과 거짓을 따지는 것은 각각의 학문이 해야 할 일입니다. 이를테면 '모든 사람이 죽는다.'라는 전제가 참인지는 의사 등이 밝혀야 하지 않겠습니까? 논리학은 오로지 논증에 오류가 있는지 없는지만을 따집니다.

다만 귀납 논증은 연역 논증과 조금 다릅니다. 귀납 논증에서는 전제가 참이라고 해도 결론이 거짓일 가능성이 아주 조금씩 있습니다. 결론이 참일 가능성이 상당히 높기는 하지만요.

예를 들어 1억 명을 조사해서 '모든 사람은 죽는다.'라고 결론을 내린들, 죽지 않는 사람이 절대 없다고 할 수는 없습니다. 혹시라도 있을지 모르니까요. 그러니 '전제가 참이면 결론도 참일 수밖에 없다.'라는 연역 논증의 타당성이 귀납 논증에서는 그대로 적용되지 않습니다.

4

논증 검토하기

저 포도는 시니까 안 먹을 거야
:「여우와 포도」, 어디가 문제일까?

이 장에서는 우화와 고전에 등장하는 논증을 검토해 보려 합니다. 짧든 길든 모든 이야기는 그 나름의 논증을 품고 있습니다. 짧은 이야기라고 논증이 단순하리라 짐작하면 안 됩니다. 이야기가 짧다고 논증이 쉬운 것도, 길다고 복잡한 것도 아니거든요. 우리가 앞서 배웠던 오류와 논법, 좋은 논증의 조건을 모두 검토하면서 새로운 지식도 배워 봅시다.

이솝 우화 중에 「여우와 포도」라는 이야기가 있습니다. 지금까지는 이 우화가 담고 있는 교훈에 대해서만 배웠겠지만, 사실 논리적으로 분석하면 의외로 많은 것이 숨어 있습니다. 짧은 이야기지만 논리적 구조는 만만치 않지요.

여우가 길을 가다가 잘 익은 포도가 넝쿨에 매달린 것을 보고 포도를 따 먹으려 했지만 쉽지 않았습니다. 별의별 방법을 다 써 보았지만 도저히 포도 넝쿨 위로 올라갈 수가 없었지요. 모든 것이 헛수고로 돌아가자 울적해진 여우가 다음과 같이 말했습니다.

"포도가 아직 덜 익어서 시퍼렇군. 어차피 고생해서 따 봤자 먹지도 못할걸. 쓸데없는 짓이지."

이 우화는 자기 합리화의 예로 자주 인용됩니다. 탐은 나는데 노력해도 되지 않으니까 돌아서서는 가져 봤자 별거 없다는 식으로 합리화한다는 거지요. 여우에 빗대긴 했지만 보통 사람들의 심리를 잘 잡아낸 이야기입니다.

「여우와 포도」를 분석해 보면 여우가 어떻게 자기를 합리화했는지 논리적으로 알 수 있습니다. 잘 익은 포도를 딸 수 없으니까 아직 덜 익었다고 합리화한 건데, 굳이 논리적으로 검토할 부분이 있느냐고요? 그래도 논리식으로 표현해 보면 조금 다르게 보일 겁니다.

p: 잘 익은 포도이다.

q: 먹고 싶은 포도다.

1. q → p (먹고 싶은 포도라면 잘 익은 것이다.)

2. ~p   (잘 익지 않았다.)

3. ∴ ~q (따라서 이 포도는 먹고 싶지 않다.)

간단한 부정식으로 나타낼 수 있군요. 부정식은 타당한 형식이니까 이제 전제가 참이기만 하면 결론도 참이겠습니다. 하지만 앞서 본 대로 포도는 잘 익은 상태였습니다. 그러니까 두 번째 전제는 거짓입니다. 그러므로 이 논리식은 형식이 타당해도 받아들일 수 없습니다. 여우의 생각은 잘못되었습니다.

그런데 여우의 논증에서는 두 가지를 끌어낼 수 있습니다. 포도가 아직 덜 익었다는 것과 포도를 먹고 싶지 않다는 것입니다.

먼저 포도가 아직 덜 익었다는 결론을 이끌어 내 보겠습니다. 여우는 포도가 잘 익은 것을 보고 먹고 싶다고 느꼈습니다. 포도를 먹기 위해서는 포도나무에서 따야 합니다. 이 과정을 논리식으로 다시 쓰겠습니다.

p: 잘 익은 포도이다.

q: 먹고 싶은 포도다.

r: 포도를 딴다.

1. p → q   (잘 익은 포도라면 먹고 싶다.)

2. q → r   (먹고 싶다면 딴다.)

3. ∴ p → r (따라서 잘 익은 포도라면 딴다.)

별다른 문제가 없는 연쇄 논법입니다. '연쇄'란 사슬처럼 연결되었다는 뜻으로, 연쇄 논법은 여러 명제가 서로 이어져 있는 경우를 가리킵니다. 방금 전에 나온 논리식이 바로 전형적인 연쇄 논법입니다. 우리가 어렸을 때부터 자연스레 익히는 것이지요.

1. p → q   (9이면 6보다 큰 숫자이다.)

2. q → r   (6이면 3보다 큰 숫자이다.)

3. ∴ p → r (따라서 9이면 3보다 큰 숫자이다.)

이처럼 꼬리를 물고 진행되는 겁니다. 연쇄 논법은 비교적 단

순해 보이지만 다른 논법과 연결되면 위력을 발
휘합니다. 지금부터 그 위력을 확인하게 될 겁
니다.

어쨌든 잘 익은 포도라면 따야 하는데 여우는
실패했습니다. 이 사실을 연쇄 논법의 결론인 '잘 익은 포도라면
따다.'와 연결할 수 있는데요. 연쇄 논법의 결론을 전

제 삼아 포도를 따는 데 실패한 사실과 연결하면 간
단한 부정식이 만들어집니다.

---

p: 잘 익은 포도이다.

r: 포도를 딴다.

1. p → r (잘 익은 포도라면 딴다.)

2. ~r   (포도를 따지 못했다.)

3. ∴ ~p (따라서 잘 익은 포도가 아니다.)

부정식으로서 이는 타당한 논법입니다. 이해를 위해 연쇄 논
법과 부정식을 따로 만들었지만, 한 번에 연결할 수도 있습니다.

1. p → q (잘 익은 포도라면 먹고 싶다.)

2. q → r (먹고 싶다면 딴다.)

3. p → r (잘 익은 포도라면 딴다.)

4. ~r (포도를 따지 못했다.)

5. ∴ ~p (따라서 잘 익은 포도가 아니다.)

어떤가요? 이렇게 논리를 전개하면 마지막에 포도가 아직 덜 익었으니 따 봤자 쓸데없다고 한 여우의 푸념에는 논리적으로 아무런 문제가 없습니다. 잘 익은 포도가 먹고 싶고, 포도를 먹고 싶으면 따야 하는데, 결국 따지 못했다. 그렇다면 포도는 잘 익은 게 아닌 셈이니까요.

이번에는 여우의 논증에서 포도가 먹고 싶지 않다는 결론을 끌어내 볼까요? 역시 처음에는 연쇄 논법을 세우면 되는데요, 다만 순서가 조금 다릅니다.

p: 잘 익은 포도이다.

q: 먹고 싶은 포도다.

r: 포도를 딴다.

1. q → p   (먹고 싶은 포도라면 잘 익은 것이다.)

2. p → r   (잘 익은 포도라면 딴다.)

3. ∴ q → r (따라서 먹고 싶은 포도라면 딴다.)

앞선 연쇄 논법과 어떤 차이가 있는지 알겠습니까? 아까는 p
에서 q를 거쳐 r로 갔다면 이번에는 q에서 p를 거쳐 r에 다다랐습
니다. 어쨌든 먹고 싶은 포도라면 따는 게 마땅한데 여우는 실패
했지요. 그러니 연쇄 논법에 포도를 따지 못했다는 의미인 명제
'~r'를 이어 붙일 수 있습니다.

1. q → p (먹고 싶은 포도라면 잘 익은 것이다.)

2. p → r (잘 익은 포도라면 딴다.)

3. q → r (먹고 싶은 포도라면 딴다.)

4. ~r   (포도를 따지 못했다.)

5. ∴ ~q   (따라서 이 포도는 먹고 싶지 않다.)

자, 포도를 먹고 싶지 않다는 결론을 이끌어 냈습니다. 여우의
마음과 일치하지요. 여우는 "어차피 고생해서 따 봤자 먹지도 못
할걸."이라고 말하지 않았습니까? 먹고 싶지 않다는 뜻이지요.

연쇄 논법과 부정식을 연결해 여우의 논법에서 두 가지 결론을 이끌어 냈습니다. 포도가 덜 익었다는 것과 먹고 싶은 마음이 없다는 것, 두 결론이 모두 여우의 마음과 일치하지요. 그런데 이 두 가지를 하나로 합칠 수 있습니다. 포도가 덜 익어서 먹고 싶지 않다는 것이지요. 이제는 바로 논리식을 떠올릴 수 있겠지요?

p: 잘 익은 포도이다.

q: 먹고 싶은 포도다.

~p → ~q (잘 익지 않은 포도라면 먹고 싶지 않다.)

이 논법에 대해 더 알아보려면 한 가지 개념을 짚고 넘어가야 합니다. 바로 '동치', 즉 표현이 달라도 진릿값은 똑같은 명제에 대한 것입니다. 동치는 이환이라고도 부릅니다. 말이 좀 어려워 보이지만 논리식으로 쓰면 그리 복잡하지 않습니다. 동치를 나타내는 기호는 '≡'입니다.

$$P \to q \equiv \sim q \to \sim P$$

예를 들어 p를 '정직하다.' q를 '진실만을 말한다.'라고 한다면 'p → q'는 '정직하면 진실만을 말한다.'라고 쓰겠지요. 이와 동치인 '~q → ~p'는 '진실만을 말하지 않는다면 정직하지 않다.'입니다. 표현은 다르지만 진릿값은 같지요.

다시 「여우와 포도」 이야기로 돌아가겠습니다. 우리가 마지막에 만들어 낸 논리식 '~p → ~q'의 동치는 '~(~q) → ~(~p)'입니다. 부정의 뜻인 '~'가 두 번 나와야 할 경우에는 이처럼 괄호 앞에 '~'를 한 번 더 써 주면 됩니다. 문장으로 표현한다면 '포도를 먹고 싶지 않은 것이 아니라면 잘 익지 않은 것이 아니다.'라고 할 수 있지요. 좀 말장난 같고 복잡하니 간단하게 써 볼까요?

~(~q)와 ~(~p)는 이중 부정이기 때문에 그냥 q와 p라고 써도 상관없습니다. 그러니까 '~(~q) → ~(~p)'는 'q → p'로 쓸 수 있지요. 즉 '먹고 싶은 포도라면 잘 익은 것이다.'라는 겁니다. 그런데 이 논리식은 어디서 본 듯하지요? 맞습니다, 우리가 처음 만들었던 부정식에 등장했습니다.

1. q → p　(먹고 싶은 포도라면 잘 익은 것이다.)

2. ~p　　 (잘 익지 않았다.)

3. ∴ ~q　(따라서 먹고 싶지 않다.)

물론 이 추론은 포도가 잘 익지 않았다는 두
번째 전제가 참이 아니기 때문에 받아들일 수
없습니다.

「여우와 포도」는 짧은 이야기지만 분석
해 보면 이렇듯 여러 논증이 숨어 있는 것
을 알 수 있습니다. 여러 가지로 분석이 가
능하다는 뜻이지요.

여자가 낳지 않은 사람? 움직이는 숲?
:『맥베스』에 나타난 오류들

셰익스피어가 쓴 작품들은 그야말로 논리의 보물 창고입니다. 어느 이야기를 살펴보더라도 흥미로운 논리가 숨어 있거든요. 이번에는 셰익스피어의 4대 비극 중에서 가장 도덕적이지 않은 주인공이 등장하는 『맥베스』를 탐구해 보겠습니다. 야심을 채우기 위해 배신과 살인을 서슴지 않는 맥베스를 통해 권력욕이 인간을 어떻게 파멸시키는지 보여 주는 작품이지요.

맥베스가 악행을 저지르게 된 동기는 바로 마녀들의 예언입니다. 전쟁에서 이기고 돌아온 장군 맥베스 앞에 마녀들이 나타나 예언을 전해 줍니다. 세 마녀가 각각 다른 예언을 남기는데 결국 맥베스가 스코틀랜드의 왕이 되리라는 미래를 예견하는 것이었습니다.

마녀 1 맥베스를 환영하라! 글래미스의 영주시다!

마녀 2 맥베스를 환영하라! 코도의 영주시다!

마녀 3 맥베스를 환영하라! 왕이 되실 분이다.

맥베스는 이 예언들을 핑계 삼아 덩컨 왕을 살해하고 왕위를 차지합니다. 하지만 왕이 된 뒤에는 죄의식에 시달리고, 혹시 반격이 있지 않을까 불안에 사로잡히지요. 그래서 맥베스는 다시 마녀를 찾아가 예언을 구합니다. 혼령의 목소리를 통해 내려진 예언의 내용은 두 가지였습니다. 첫 번째는 여자가 낳은 사람이라면 누구도 맥베스를 해칠 수 없다는 것이었지요.

혼령 잔인하고 대담해져라. 단호히 행동하라.

인간의 능력 따윈 우습게 여겨라, 여자가 낳은 자 중 맥베스를 해칠 사람 절대 없을 테니.

두 번째는 버남의 큰 숲이 맥베스의 성 앞에 있는 던시네인 언덕으로 오지 않는 한 맥베스는 정복당하지 않으리라는 것이었습니다.

혼령　사자처럼 당당히 행동하라, 짜증 내고 안달하고
　　　반역하는 무리들에 신경도 쓰지 말고.
　　　버남의 큰 수풀이 던시네인 언덕으로
　　　맥베스를 대적하여 다가오기 전에는
　　　절대 정복 안 될 테니.

맥베스는 이 두 예언을 믿고 자신감을 품습니다. 그가 예언을 철석같이 믿은 것은 앞서 들었던 예언도 들어맞았기 때문입니다. 자신이 왕이 되리라는 예언이 맞았으니 이번에도 틀림없을 것이다, 이렇게 추론한 것이지요. 사례를 통해 일반적인 규칙을 이끌어 내는 귀납법인데, 불행히도 근거가 빈약하기 그지없습니다. 귀납법이란 사례가 많을수록 결론이 참일 가능성이 높아지는데, 맥베스는 자신이 겪었던 딱 한 번만으로 판단하지 않았습니까? 아무리 왕이 되는 것이 드문 경우라 하더라도 귀납법의 근거로 삼기에는 사례가 너무 적었습니다. 그러니 맥베스가 또다시 예언을 믿은 것은 좋은 귀납법이 아니라고 할 수 있겠습니다.

그런데 맥베스가 이 두 가지 예언을 믿은 데는 예언이 적중한 과거의 경험뿐만 아니라 맥베스의 욕심도 영향을 끼쳤습니다. 맥베스로서는 걱정할 필요가 없다는 믿음이 필요하던 차에 안심하라는 예언을 들었다고나 할까요. 게다가 예언의 내용이 도저히 논리적으로 일어날 수 없는 일이라고 여겨졌기 때문에 더욱더 믿음이 갔겠지요. 세상에 여자가 낳지 않은 사람이 누가 있겠습니까? 어떻게 멀쩡한 숲이 언덕으로 움직여 올 수 있겠습니까?

하지만 결말에서 맥베스는 부인도 죽고 자신도 죽고 마는 비극을 맞게 됩니다. 과연 예언이 틀린 것이었을까요? 아니면 맥베스가 추론을 잘못한 걸까요? 잘못했다면 무엇이 문제였을까요? 결론부터 말해서 맥베스는 크게 보아 세 가지 오류를 저질렀다고 할 수 있습니다.

첫 번째로는 성급한 일반화의 오류입니다. 방금 이야기했지요. 맥베스는 예언이 한 번 들어맞았으니 그다음 예언도 이루어질 것이라고 성급하게 결론을 내렸습니다.

두 번째, 애매어의 오류입니다. 바로 "여자가 낳은 자"를 어떻게 해석하느냐의 문제이지요. 원문에는 "none of woman borne shall harm Macbeth"라고 쓰여 있습니다.

그런데 이게 왜 문제일까요? 인간은 누구나 여자가 낳은 것 아닙니까? 아, 인공 수정이 있다고요? 시험관 아기라면 '여자가 낳았다.'라는 표현이 적절하지 않을 수도 있겠군요. 하지만 『맥베스』는 17세기 작품이니까 인공 수정의 가능성은 제외하지요. 그렇다면 마녀의 예언은 인간이라면 누구도 맥베스를 해칠 수 없다는 뜻일까요? 과연 그게 정말인지 알아보기 위해 일단 맥베스의 추론을 정리해 보겠습니다.

p: 여자가 낳은 자이다.

q: 맥베스를 해칠 수 없다.

r: 사람이다.

1. r → p   (사람이라면 여자가 낳은 자이다.)

2. p → q   (여자가 낳은 자라면 맥베스를 해칠 수 없다.)

3. ∴ r → q   (따라서 사람이라면 맥베스를 해칠 수 없다.)

맥베스는 이렇게 추론하고 안심했겠지요. 이것은 연쇄 논법으로, 아무 문제도 없어 보이니까요. 그런데 "여자가 낳은 자"라는 구절이 영 마음에 걸립니다. 여자가 낳지 않은 사람이라면 맥베스를 죽일 수도 있지 않을까요? 그런데 그런 사람이 존재할까요? 인공 수정은 제외했지만, 경우의 수가 한 가지 남아 있습니다. 바로 제왕 절개 수술로 태어난 사람입니다.

제왕 절개 수술이란 자연 분만이 어려울 때 임신부의 배를 가르고 아기를 끄집어내는 것을 말합니다. 따라서 제왕 절개 수술로 태어났다면 여자가 '낳은' 아이라고 보기는 어렵습니다. 말장난처럼 보일 수도 있겠으나 단어의 의미를 엄밀히 따진다면 그렇다는 것입니다.

제왕 절개 수술로 태어난 사람은 '여자가 낳은 자'가 아니기 때문에 맥베스의 추론에서 첫 번째 전제는 거짓이 됩니다. 맥베스는 예언을 해석할 때 애매어의 오류를 저지른 것입니다. 그러니 맥베스의 추론은 잘못되었습니다.

게다가 실제로 『맥베스』에 '여자가 낳지 않은 사람'이 등장합니다. 이 이야기의 후반부에 맥베스를 죽이는 맥더프가 이렇게 말하거든요.

맥더프   불사신아, 절망해라.

네가 항상 섬겨 왔던 수호신이 말할 것이다.

맥더프는 때이르게 제 어미의 자궁을

찢고 나왔노라고.

역시 그랬군요. 맥더프는 여자가 낳은 사람이 아니라 어미의 자궁을 찢고 나온 사람입니다. 맥베스는 사람이라면 누구나 여자가 낳는 법이라고 추측했지만 그것은 거짓이었던 겁니다.

이런 해석이 일반적이지 않다고 반박할 수 있습니다. 말장난에 불과한 얘기라고 따질 수 있지요. 물론입니다. 그래서 맥베스도 맥더프에게 이렇게 받아칩니다.

맥베스   그 말하는 혓바닥은 염병에나 걸려라,

그것이 내 기백을 꺾어 놓았으니까.

그리고 이중의 뜻으로 우리를 속이는

사기꾼 악마들은 아무도 믿지 마라.

맥베스도 알아차린 겁니다. "여자가 낳은 자"에는 두 가지 뜻이 있음을! 그렇기 때문에 예언을 내려 준 혼령을 "사기꾼 악마"

라고 부른 거지요. 맥베스는 예언이 두 가지 뜻으로 해석될 수 있다는 걸 너무 뒤늦게 깨달았습니다. 만약 한 단어가 두 가지 뜻으로 해석될 수 있다는 애매어의 오류를 알고 있었다면 잘못을 저지르지 않았을지도 모릅니다.

맥베스가 저지른 세 가지 오류 중 마지막은, 바로 그의 추론이 타당했지만 건전하지는 않았다는 점입니다. 혼령이 들려준 두 번째 예언이 기억납니까? 혼령은 버남의 큰 숲이 던시네인 언덕으로 다가오기 전까지는 맥베스가 안전하다고 말했습니다. 이번에는 이 예언에 대해 분석해 보겠습니다.

어떻게 숲이 언덕으로 옮겨 오겠습니까? 나무에 다리가 달린 것도 아닌데 말입니다. 맥베스도 이 예언을 듣고는 똑같이 생각한 모양입니다.

맥베스   그런 일은 없으리라.

　　　　누가 숲을 징발하고 나무더러 내린 뿌리

　　　　뽑으라고 할 수 있지? 달콤한 예언이다! 좋아!

맥베스의 생각을 논리식으로 정리해 볼까요?

p: 버남의 숲이 던시네인 언덕으로 오지 않는다.

q: 나는 안전하다.

1. p → q (버남의 숲이 던시네인 언덕으로 오지 않는다면 나는 안
   전하다.)

2. p   (버남의 숲이 던시네인 언덕으로 오지 않는다.)

3. ∴ q   (따라서 나는 안전하다.)

이제 반가울 정도로 익숙해진 긍정식입니다. 타당한 형식이지요. 하지만 우리는 형식이 타당하다고 해서 무조건 그 논증을 받아들여서는 안 된다는 걸 알고 있습니다. 전제가 모두 참이어야만 하지요. 전제가 참이 아니라면 결론 또한 참이 아닙니다. 논리학은 논증의 타당성만을 따지지만 우리는 결론의 참까지 살펴봐야 합니다. 그래야 일상에서 논리학을 활용할 수 있지요.

그렇다면 자신은 안전하다는 맥베스의 결론은 참일까요? 먼저 맥베스가 제시한 전제가 참인지부터 따져 봅시다. 물론 맥베스도 자기 나름대로 참인지 고민했습니다. 믿었던 마녀의 예언이기에 참이라고 여겼고, 숲이 이동할 리 없으니까 참이라고 생각했습니다. 맥베스의 생각대로라면 형식도 타당하고 전제도 참이니 결론

도 참입니다. 그래서 맥베스는 자신이 안전하리라고 생각해 안심했지요.

하지만 비극이 일어납니다. 바로 버남의 숲이 이동한 겁니다! 숲이 움직일 리가 없다는 두 번째 전제가 거짓이 되고 말았습니다. 어떻게 그런 일이 가능했을까요? 맥베스를 공격한 맬컴이 불가능을 가능으로 만들었습니다.

맬컴   병사들은 모두 다 나뭇가지를 하나씩 잘라서
각자 앞에 들어라. 그리하여 아군은
숫자를 감추고 정찰병은 보고할 때
실수하게 될 것이다.

버남의 숲에서 나뭇가지를 하나씩 잘라 병사들이 들게 해서 숲을 만든 겁니다. 나뭇가지를 든 병사들이 진군했으니 숲이 이동한 것이나 다름없습니다! 사실 이런 방법까지 쓴다면 맥베스도 어쩔 수 없을 것 같기는 합니다. 그래서 이 작품에 예상을 뛰어넘는 비극적인 요소가 더해지는 것이겠지요. 분명 맥베스는 논리적으로 타당하게 추론했지만 맬컴이 생각해 낸 기발한 방법에 의해 전제가 거짓이 되면서 그의 논증도 무너지고 말았습니다.

셰익스피어는 논리에 대해 잘 알고 있었던 모양입니다. 이중의 뜻을 이용해 이토록 흥미롭고 훌륭한 작품을 썼으니까요. 우리가 검토한 대로 셰익스피어는 작품의 전체 구조를 세울 때 논리를 이용했고, 오류를 써먹어서 작품의 갈등을 더 극적으로 돋보이게 만들었습니다. 물론 오류를 악용해서는 안 되지만, 셰익스피어처럼 오류를 완전히 파악한 다음 작품에 활용하는 것은 바람직해 보입니다. 『맥베스』에 숨어 있는 오류들이 얼핏 말장난 같을지도 모르겠습니다. 하지만 성급한 일반화의 오류, 애매어의 오류 등을 이용한 덕분에 인간의 탐욕과 어리석음을 다룬 이 이야기가 더 드라마틱해졌답니다.

아버지를 아버지라 부르지 못하니
:『홍길동전』에서 모순을 찾는 방법

활빈당을 결성해서 가난한 사람들을 돕고 나중에는 율도국이라는 이상적인 나라까지 세우는 홍길동의 이야기는 너무나 유명합니다. 은행에 있는 서류 양식에도 홍길동이라는 이름이 많이 쓰입니다. 그만큼 널리 알려진 이야기라는 뜻이겠지요.

『홍길동전』에서 사람들이 가장 자주 언급하는 장면은 무엇일까요? 여러 가지가 있겠지만 아마 홍길동이 아버지를 아버지라 부르지 못하는 심정을 하소연하는 장면이 꼽히지 않을까 합니다. 양반인 아버지와 노비인 어머니 사이에서 태어난 서자 홍길동은 이렇게 말합니다.

> "소인이 대감의 정기를 받아 태어났으나 어찌 낳고 길러 주신 부모님의 은혜를 잊겠습니까. 하오나 소인이 (…) 아버지를 아버지라 부르지 못하고 형을 형이라 부르지 못하오니 이 어찌 사람이라 하오리까?"

홍길동의 주장은 단순합니다. 서자라는 이유로 아버지를 아버지라 부르지 못하고 대감이라 불러야 하니 억울하다는 것이지요. 홍길동의 주장은 논리식으로 써 봐도 간단히 표현할 수 있습니다. 일단 이야기에서 밝혀진 사실들을 먼저 정리해 볼까요.

p: 홍 판서는 홍길동의 아버지이다.

q: 홍길동이 홍 판서를 아버지라고 부를 수 있다.

1. p   (홍 판서는 홍길동의 아버지이다.)

2. p → q (홍 판서가 홍길동의 아버지라면 아버지라고 부를 수 있다.)

3. ~q   (홍길동은 홍 판서를 아버지라고 부를 수 없다.)

이것이 소설에서 주어진 사실들입니다. 그런데 여기에서 두 번째 전제와 세 번째 전제를 결합하면 부정식을 만들 수 있습니다.

p: 홍 판서는 홍길동의 아버지이다.

q: 홍길동이 홍 판서를 아버지라고 부를 수 있다.

1. p → q (홍 판서가 홍길동의 아버지라면 아버지라고 부를 수 있다.)
2. ~q   (홍길동은 홍 판서를 아버지라고 부를 수 없다.)
3. ∴ ~p   (따라서 홍 판서는 홍길동의 아버지가 아니다.)

이 논증은 부정식으로 형식이 타당하고, 전제는 이야기 속에서 찾아낸 사실들이기에 결론 역시 참이라고 해도 됩니다. 그런데 홍 판서가 홍길동의 아버지가 아닌가요? 분명 책에는 홍 판서가 홍길동의 아버지라고 나옵니다. 이상하네요. 명백한 사실 p와 타당한 논증의 결론인 ~p가 동시에 등장하게 되었습니다.

어쨌든 두 가지 명제가 동시에 등장했다는 건 연언, 즉 '그리고'(&)로 결합할 수 있다는 뜻입니다. 어차피 동시에 존재하는데, 귀찮게 따로 쓰지 말고 한 번에 묶자는 겁니다. 연언 결합법을 논리식으로 쓰면 다음과 같지요.

p

q

∴ p & q

연언 결합법에 따라서 앞선 논리식의 p와 ~p를 결합하면 이렇게 쓸 수 있습니다.

1. p   (홍 판서는 홍길동의 아버지이다.)

2. ~p   (홍 판서는 홍길동의 아버지가 아니다.)

3. ∴ p & ~p (홍 판서는 홍길동의 아버지이면서 동시에 아버지가 아니다.)

결합을 하긴 했는데 이상합니다. 아버지이면서 동시에 아버지가 아니라니요! 이런 경우를 우리는 '모순'이라고 부릅니다. 상식적으로 생각해 봐도 아버지이면서 아버지가 아닐 수는 없으니까요. 논리학에서는 이를 'p이면서 동시에 ~p일 수는 없다.'라고 말하는데요, 이 말을 기호로 나타내면 다음과 같습니다.

$$\sim(P \ \& \ \sim P)$$

이것을 좀 더 어려운 말로는 '모순율'이라고 부릅니다. 자주 헷갈리는데 모순과 모순율은 다른 개념입니다. 모순율은 'p이면서 ~p일 수 없다.'라는 논리학의 원리이고, 이 원리가 깨진 상황을 모순이라고 하는 거지요. 자, 이렇게 홍길동과 아버지에 얽힌 논증의 결론이 모순에 다다른 것을 확인했습니다. 홍길동이 홍 판서를 아버지라고 부르지 못하는 상황을 논리적으로 따져 보니 모순이 된 것이지요. 이제 왜 홍길동이 그렇게 억울해하고 답답해했는지 알겠지요? 바로 논리적 모순과 맞닥뜨려서 이러지도 저러지도 못했기 때문입니다.

이런 논리적 모순에서 벗어나는 길이 있을까요? '귀류법'이라는 방식을 이용하면 됩니다. 귀류법이란, 결론이 모순일 때 전제가 잘못되었음을 밝히는 방법입니다. 그러니 결론이 모순이 되지 않도록 전제를 바꾸면 문제가 해결된다는 뜻이지요.

귀류법이 무엇인지 좀 더 자세히 알아보겠습니다. 논리식으로 쓰면 다음과 같습니다.

$$p \rightarrow (q \,\&\, \sim q)$$

$$p$$

$$\therefore (q \,\&\, \sim q)$$

하지만 이 결론은 모순이므로

$$\therefore \sim p$$

식만 봐서는 잘 모르겠다고요? 차근차근 따라가 보지요. 귀류법의 논리식을 말로 풀면 이렇습니다. 'p이면 (q & ~q)이다.'라는 명제에서 전건 p를 전제로 삼아 이것이 참이라면 후건 (q & ~q)가 참이라는 결론을 얻게 된다.(긍정식) 하지만 이 결론은 모순이다. 그러므로 모순을 피하려면 전제를 p의 부정인 ~p로 바꿔야 한다. 이해가 좀 되나요? 결론으로 모순이 나왔다면 전제를 부정해야 한다는 말입니다.

논증을 펼쳤는데 결론에 (q & ~q)라는 기호가 나오면 곧바로 모순임을 깨닫고 전제를 다시 고쳐야 합니다. 홍길동의 예도 바로 귀류법에 해당합니다. 자, 앞서 나온 논리식들을 한 번에 모아서 다시 볼까요?

	p	홍 판서는 홍길동의 아버지이다.
	q	홍길동이 홍 판서를 아버지라고 부른다.
전제 1	p → q	홍 판서가 홍길동의 아버지라면 아버지라고 부를 수 있다. (이야기 속에서)
전제 2	p	홍 판서는 홍길동의 아버지이다. (이야기 속에서)
전제 3	~q	홍길동은 홍 판서를 아버지라고 부를 수 없다. (이야기 속에서)
결론 1	~p	홍 판서는 홍길동의 아버지가 아니다. (전제 1, 전제 3의 부정식에 의해서)
결론 2	p & ~p	홍 판서는 홍길동의 아버지이면서 동시에 아버지가 아니다. (전제 2, 결론 1의 연언 결합에 의해서)
결론 3	~(~q)	홍길동은 홍 판서를 아버지라고 부를 수 없는 것이 아니다. (귀류법에 의해서)
결론 4	q	홍길동은 홍 판서를 아버지라고 부를 수 있다. (이중 부정에 의해서)

홍 판서가 홍길동의 아버지이면서 동시에 아버지가 아니라는 결론 2번은 분명히 모순입니다. 그렇다면 전제가 잘못되었다는 건데, 어떤 전제를 고쳐야 할까요? 전제가 참인지 하나씩 따져 보겠습니다.

전제 1번을 봅시다. 아버지라면 아버지라고 부를 수 있다는 전제는 당연히 참이겠지요. 그럼 전제 2번은 어떤가요? 홍 판서는 홍길동의 아버지가 맞습니다. 그렇다면 남는 건 전제 3번밖에 없군요. 따라서 전제 3번을 부정해야 모순에서 탈출할 수 있습니다.

전제 3번 ~q를 부정하면 q가 됩니다. 즉 홍길동은 홍 판서를 아버지라고 부를 수 있는 겁니다. 그렇게 해야만 이 모순을 해결할 수 있으니까요. 이것이 논리적인 최종 결론입니다.

우리는 홍길동이 처한 상황을 논리적으로 검토해서 모순을 찾아냈습니다. 그리고 귀류법을 이용해 전제를 부정하니 해결책이 나왔지요. 바로 홍길동이 홍 판서를 아버지라고 부르는 것입니다. 그래야만 이 모순이 해결됩니다. 그렇다면 『홍길동전』에서는 이 문제가 어떻게 풀렸을까요? 처음에 홍길동이 호칭을 문제 삼았을 때, 홍 판서는 서얼이 한두 사람의 문제가 아니며 비슷한 상황에 놓인 사람이 많다면서 어물쩍 넘어가려 합니다.

"양반 집안에 첩이나 종의 자식이 너뿐만이 아니거늘, 조그만 아이가 어찌 이리도 방자하냐? 앞으로 또 그런 말을 하면 다시는 너를 보지 않으리라!"

불호령이 떨어졌네요. 한데 홍 판서의 말에서 오류가 엿보입니다. 우선 홍길동과 비슷한 처지에 놓인 사람이 많다는 것은 군중

에 호소하는 오류입니다. 아무리 첩이나 종의 자식인 서얼이 많다지만, 그 사실이 호칭 문제를 그냥 덮고 넘어가는 게 옳다는 주장의 근거가 되지는 않으니까요.

그리고 아버지 앞에서 어찌 이리도 방자하냐며 홍길동을 꾸짖는 것은 잘못된 권위에 호소하는 오류입니다. 홍길동의 정당한 주장을 아버지라는 권위를 앞세워서 억누르려 하기 때문이지요. 그뿐만이 아닙니다. 또 그런 말을 하면 다시는 보지 않겠다는 맺음말은 공포에 호소하는 오류입니다. 어린 자식에게 부모가 다시는 보지 않겠다고 말하는 것 이상으로 두려움을 주는 말이 또 어디 있겠습니까.

이렇게 홍 판서는 갖가지 오류를 동원해서 불만을 억누르려고 했지만 결국에는 논리적으로 문제를 해결합니다. 여러 사건을 거친 후에 홍길동에게 아버지라고 부르는 것을 허락하거든요.

"열 살이 넘도록 한 번도 아버지를 아버지라 부르지 못하옵고 형을 형이라 못하오니 어찌 서럽지 않겠습니까?"

그러자 홍 판서는 차근차근 길동을 달랬다.

"네 소원이 정 그렇다면 오늘부터 허락할 것이다. 그러면 서운한 마음을 풀고 집을 떠나지 않겠느냐?"

논리의 힘이 세지요? 홍길동과 홍 판서도 결국 논리적인 규칙을 따라 모순의 해결에 다다랐습니다. 물론 홍 판서가 호부 호형을 허락한 것이 논리의 힘 덕이 아니라 인정에 못 이겨서일 수도 있고 집안의 여러 가지 일 때문일 수도 있으나 논리학의 관점으로 보자면 모순을 논리적으로 해결한 겁니다. 하지만 길동은 결국 집을 떠나 더 큰 모험을 시작하게 되지요.

당한 대로 갚아 주겠어
:「여우와 두루미」에 숨어 있는 단순화 논법

　「개미와 베짱이」, 그리고「여우와 두루미」. 이 두 이야기는 어렸을 때부터 들어 봐서 익숙할 겁니다.「개미와 베짱이」는 여름내 열심히 일해서 따뜻한 겨울을 맞이한 개미와 반대로 여름내 놀다가 추운 겨울이 오자 굶주리게 된 베짱이의 이야기입니다.「여우와 두루미」는 어떤가요? 서로 초대해 놓고 상대가 먹을 수 없는 그릇을 내놓아서 복수를 주고받는 이야기지요.

　두 이야기에는 공통점이 있습니다. 바로 '뿌린 대로 거둔다.'라는 교훈입니다. 이 교훈은「여우와 두루미」의 마지막에 분명하게 드러납니다.

"친구야, 네가 나에게 식사를 잘 대접했으면 나도 똑같이 답례를 했을 거야. 기분이 언짢아도 어쩔 수 없어. 다 네가 뿌린 씨니까 네가 거둬들여야지."

'뿌린 대로 거둔다.'라는 말은 무슨 뜻일까요? 노력하면 보답이 있을 것이며 노력하지 않으면 보답이 없다는 뜻 아닐까요? 풀어서 쓰자면 개미처럼 뜨거운 여름에 열심히 일하면 겨울에 먹을 게 풍족할 것이고, 베짱이처럼 노래 부르면서 놀기만 한다면 추운 겨울에 배가 고플 것이다, 하는 말이겠지요. 이 교훈을 논리식으로 나타내면 다음과 같습니다.

p: 노력한다.

q: 보답이 있다.

1. p → q   (노력하면 보답이 있다.)

2. ~p → ~q   (노력하지 않으면 보답이 없다.)

그런데 'p → q'가 참이라고 해서 반드시 '~p → ~q'도 참은 아닙니다. 앞서 동치에서 이 내용을 배웠지요. 형식은 다르지만 진릿값은 똑같은 동치의 논리식을 다시 한 번 써 보겠습니다.

p → q ≡ ~q → ~p

이 논리식에 따르면 'p → q'와 '~p → ~q'는 동치 관계가 아닙니다. 그렇기 때문에 각각의 참을 따로 따져야 합니다.

앞서도 언급했지만 뿌린 대로 거둔다는 말은 '노력하면 보답이 있을 것이고, 노력하지 않으면 보답이 없을 것'이라는 뜻입니다. 따라서 두 논리식을 연언(&)으로 연결해야 합니다. 연결하면 이렇게 되겠죠.

(p → q) & (~p → ~q)

이 논리식을 여우와 두루미의 경우에 적용하면 어떻게 될까요?

p: 네가 나를 잘 대접한다.

q: 내가 너를 잘 대접한다.

$(p \rightarrow q)$ & $(\sim p \rightarrow \sim q)$

(네가 나를 잘 대접한다면 나도 너를 잘 대접한다. 그리고 네가 나를 잘 대접하지 않는다면 나도 너를 잘 대접하지 않는다.)

「여우와 두루미」는 이 연언의 뒷부분, '$\sim p$ & $\sim q$'에 해당합니다. 서로 상대방을 잘 대접하지 않은 내용이니까요. 여우는 두루미가 부리로 먹을 수 없는 얕은 접시에 묽은 죽을 담아 주었고, 그 복수로 두루미는 입구가 좁고 목이 긴 유리병에 음식을 담아서 여우가 못 먹게 했습니다. 그러고는 두루미가 여우에게 뿌린 대로 거둔다고 말한 겁니다.

그런데 뿌린 대로 거둔다는 말이 '$(p \rightarrow q)$ & $(\sim p \rightarrow \sim q)$'와 같이 연언으로 되어 있다면, 이 논리식이 참이 되기 위해서는 '$p \rightarrow q$'와 '$\sim p \rightarrow \sim q$'가 동시에 참이어야 합니다. 연언으로 연결된 명제가 참이 되려면 기호의 앞뒤에 있는 내용이 전부 참이어야 하니까요. 그런데 「여우와 두루미」는 '$\sim p \rightarrow \sim q$'에 대해서만 다루고 있습니다. 앞부분인 '$p \rightarrow q$'는 전혀 나와 있지 않지요. 이렇게 해도 괜찮을까요? 연언의 앞뒤를 다루지 않았으니 뿌

린 대로 거둔다는 말이 참인지는 알 수 없는 것 아닌가요? 답은 생각보다 간단합니다. 연언의 앞뒤를 모두 따지지 않아도 괜찮습니다. '단순화'라는 논법이 적용되기 때문입니다. 단순화의 정의에 대해 알아보기 전에, 먼저 논리식부터 살펴보겠습니다.

$$P \,\&\, q \qquad\qquad P \,\&\, q$$
$$\therefore P \qquad\qquad\qquad \therefore q$$

단순화 논법은 연언에서 한쪽을 결론으로 쓸 수 있다는 것을 의미합니다. 논리식과 정의만으로는 잘 이해되지 않는다고요? 사실 이름만큼이나 단순한 원리입니다. 예를 들어 보지요.

p & q (지수는 노래를 부르며 춤을 추고 있다.)

∴ p (따라서 지수는 노래를 부르고 있다.)

p & q (지수는 노래를 부르며 춤을 추고 있다.)

∴ q (따라서 지수는 춤을 추고 있다.)

지수가 노래를 부르면서 춤을 추고 있다면, 당연히 지수가 노래를 부르고 있다는 말은 참입니다. 또한 지수가 춤을 추고 있는 말도 참이지요. 바로 이런 논법이 단순화입니다.

그러면 다시 「여우와 두루미」에 나오는 연언으로 돌아가 보지요. '(p → q) & (~p → ~q)'를 단순화하면 어떻게 될까요?

$$(p \rightarrow q) \,\&\, (\sim p \rightarrow \sim q)$$

$$\therefore p \rightarrow q$$

$$(p \rightarrow q) \,\&\, (\sim p \rightarrow \sim q)$$

$$\therefore \sim p \rightarrow \sim q$$

뿌린 대로 거둔다는 말을 '(p → q) & (~p → ~q)'로 쓸 수 있다면 단순화 논법을 통해 정리할 수 있습니다. 그리고 앞서도 말했지만 단순화를 통해 '~p → ~q'만 남긴 것이 여우와 두루미가 주고받은 복수이지요. 네가 나를 잘 대해 주지 않는다면 나도 너를 잘 대하지 않겠다. 다른 말로 바꾸면 당한 대로 갚아 준다는 정도일까요.

단순화 논법을 우리의 일상생활에 적용할 수 있을까요? 물론 가능합니다. 리안이 이야기를 잠깐 해 보겠습니다. 리안이네 엄마는 리안이에게 시험에서 90점 이상 받으면 피자를 사 주겠다고 약속했습니다. 리안이는 공부를 열심히 했지만 87점에 그치고 말았습니다. 그래서 피자를 못 먹겠다며 낙담하고 말았지요.

하지만 우리는 리안이가 피자를 먹을 수 있는 방법을 알고 있습니다. 바로 90점 이상 받지 못했다고 피자를 사 줄 수 없다는 엄마의 논리가 '전건 부정의 오류'이기 때문입니다. 전건 부정의 오류를 논리식으로 써 보겠습니다.

p: 90점 이상 받는다.

q: 피자를 사 주겠다.

1. p → q (90점 이상 받으면 피자를 사 주겠다.)

2. ~p   (90점 이상 받지 못했다.)

3. ∴ ~q (따라서 피자를 사 주지 않는다.)

전건 p를 부정해서 결론을 내렸으니 이는 분명히 전건 부정의

오류이지요. 그런데 여기서는 전건 부정의 오류를 복습하기 위해서 이 이야기를 꺼낸 것이 아닙니다. 지금부터는 엄마의 입장에서 90점을 넘지 못한 리안이에게 피자를 사 주지 않을 논리적인 방법은 없을지 알아보겠습니다. 오류를 지적당하는 바람에 곤란한 처지에 놓인 사람은 엄마이니까요.

엄마가 피자를 사 주지 않기 위한 방법 또한 있습니다. 두 조건문을 연언으로 연결해 놓으면 됩니다. 다시 말해서 '90점 이상 받으면 피자를 사 주고, 90점 이상 받지 못하면 피자를 사 주지 않겠다.'라고 말하는 겁니다. 논리식으로 나타내 보지요.

$p \to q$　　(90점 이상 받으면 피자를 사 주겠다.)

$\sim p \to \sim q$　　(90점 이상 받지 못하면 피자를 사 주지 않겠다.)

$(p \to q) \,\&\, (\sim p \to \sim q)$

　　　　(90점 이상 받으면 피자를 사 주겠고, 90점 이상 받지 못하면 피자를 사 주지 않겠다.)

'(p → q) & (~p → ~q)'라는 식은 단순화 논법을 통해 연언의 앞뒤에 있는 내용 중 하나를 결론으로 써먹을 수 있다는 걸 기억하지요? 리안이가 90점을 넘겼다면 'p → q'를 결론으로 삼아서 피자를 사 주면 됩니다. 하지만 리안이는 87점에 그치고 말았지요. 90점을 넘지 못했으니 '(~p → ~q)'를 결론으로 삼아야 합니다. 이렇게 두 조건문을 연언으로 연결하면 엄마는 87점을 들고 온 리안이에게 피자를 사 주지 않아도 논리적으로 아무런 반박을 받지 않습니다.

약속이나 계약을 할 때도 여러 조건문들을 연언으로 결합하는 것이 안전합니다. 만약 내 고용주가 물건을 한 달 내에 다 팔 경우 보너스를 주겠다고 했다면, 다 팔지 못할 경우에는 어떻게 되느냐고 물어야 합니다. 아무런 대답이 없다면 답을 듣기 전에는 일을 시작하지 않는 것이 좋습니다. 팔다가 남은 재고는 자신이 떠안겠다고 고용주가 약속하면 그때 움직여도 늦지 않지요. 보너스도 못 받고 재고까지 떠맡아야 한다면 이만저만 손해가 아니지 않겠습니까. 가끔 학교 선생님도 이런 연언 결합을 사용합니다. 반 평균 성적이 오르면 영화를 보여 주고, 떨어지면 숙제가 두 배로 늘 것이라고 하는 선생님도 있지요. 네? 자주 겪는 일이라고요?

내가 진짜 옹고집이라니까!
:『옹고집전』, 심오한 동일률을 담은 이야기

『옹고집전』을 보면 재미있는 상황이 나옵니다. 주인공인 옹고집은 고약한 성격으로 악명을 떨치고 있었는데, 그 행패를 듣고 스님이 도술을 부립니다. 가짜 옹고집을 만들어 낸 겁니다. 가짜 옹고집은 진짜 옹고집에게 가서 자기가 진짜라고 우기지요.

이럴 때 여러분은 어떻게 가짜와 진짜를 구별하겠습니까? 우선 외모를 살피겠지요. 그런데 가짜 옹고집은 진짜 옹고집과 얼굴이 구별이 안 될 정도로 똑같았습니다. 흔히 말하는 대로 점 하나까지도 판박이였지요. 얼굴로 안 된다면 어떻게 할까요? 옷차

림새에서 특징을 찾을 수도 있을 것 같네요. 『옹고집전』에도 옹고집의 도포 안자락에 불똥이 떨어져서 탔다는 단서가 나옵니다. 그래서 사람들이 살펴봤지만 어쩜, 둘 다 똑같이 도포에 탄 흔적이 있었습니다.

사람들은 외모에서 차이점을 찾을 수 없어서 그다음에는 기억을 살피려 합니다. 외모가 아무리 똑같아도 기억까지 똑같을 수는 없으리라 생각한 것이지요. 과연 기억도 복제가 될까요?

그런데 가짜 옹고집과 진짜 옹고집은 아주 세세한 기억까지 완전히 일치합니다. 심지어 부인과 첫날밤에 나눈 대화의 내용마저도 다르지 않았지요. 부인과 나눈 대화는 아주 사적이고 은밀한 내용일 테니, 당사자가 아니라면 알기 어렵지 않겠습니까? 결국 두 옹고집의 차이점을 발견하지 못한 사람들은 진짜와 가짜의 구별을 포기하고 맙니다.

외모에 기억까지 똑같다면 어느 쪽이 진짜인지 가려내기란 아마도 거의 불가능할 겁니다. 그렇다면 진짜와 가짜는 과연 같은 옹고집이라고 할 수 있을까요?

잠깐 다른 예를 들어서 설명해 보겠습니다. 책상 위에 연필이 있고 지우개가 있습니다. 연필과 지우개는 같은 물건이 아니지요. 우리가 이건 연필이다, 저건 지우개다, 하고 구분할 수 있기 때문입니다. 그런데 무엇을 기준으로 연필과 지우개를 구별하겠습니까? 사실 그냥 척 보면 알 수 있지요. 생김새부터 전혀 다르니까요.

그런데 새로 막 산 지우개 두 개가 포장도 뜯지 않은 채 놓여 있다면 어떨까요? 학교에서 짝꿍과 똑같은 학용품을 사는 경우야 흔하게 일어나잖아요. 그렇다면 두 지우개는 같은 지우개인가요? 아니지요. 둘 다 지우개이긴 하지만 같은 지우개는 아닙니다.

동일한 지우개인지 아닌지 확인하는 방법이 있습니다. 두 지우개를 포개 놓아 보십시오. 포개 놓아서 하나가 된다면 동일하다고 말할 수도 있습니다. 물론 액체인 물방울을 합치거나 큰 박스 안에 작은 박스를 넣는 것을 말하는 건 아닙니다. 각각 다른 공간에 놓여 있는 두 개의 지우개는 하나로 합쳐지지 않습니다.

서로 다른 공간을 차지하고 있다면 별개의 물건입니다. 동일한 것이 아닙니다. 두 지우개는 종류가 같습니다. 둘 다 지우개이지요. 하지만 같은 지우개는 아닙니다. 주인이 다를 수도 있고 각각에 이름을 붙일 수도 있습니다. 지우개1, 지우개2 혹은 지훈이 지우개, 현우 지우개 등으로요.

두 명의 옹고집도 이와 같은 경우입니다. 옹고집은 사람이기 때문에 지우개와 달리 기억을 갖고 있다는 점이 다를 뿐입니다. 하지만 기억까지 똑같다 해도 지우개가 서로 다른 물건이듯이 두 옹고집도 서로 다른 옹고집입니다. 다시 한 번 어렵게 말하자면 두 옹고집이 '서로 다른 공간을 차지하고 있기 때문'입니다.

이렇게 생각하면 결국 세상의 모든 존재는 자기 자신하고만 같다고 할 수 있습니다. 홍길동이 도술을 부려서 순식간에 열두 명의 홍길동을 만들어 내도 그 역시 각각 다른 존재입니다. 논리학의 관점에서는 새 지우개가 동시에 열두 개나 책상 위에 놓여 있는 것과 다를 바 없는 상황이거든요.

논리학은 세상 모든 것은 오로지 자기 자신하고만 동일하다는 원리를 기본으로 삼아 세워진 것입니다. 이 원리를 '동일률'이라고 하지요.

$$A = A$$

아주 단순해 보이지요? 하지만 이 논리식이 품고 있는 힘은 무궁무진합니다. 예를 들어, 아무리 나와 똑같은 복제 인간이 만들어진들 동일한 존재일 수는 없다는 것을 의미하기도 하지요.

옹고집의 경우도 마찬가지입니다. 두 옹고집이 있는데 외모와 기억이 모든 면에서 일치한다고 해도 같은 사람은 아닙니다. 다른 사람이지요. 문제는 서로 다른 두 사람이 자기가 진짜 옹고집이라고 주장하는 데 있습니다. 『옹고집전』에서는 이 문제를 어떻게 처리했을까요?

더 이상 누가 진짜 옹고집인지 구별할 방법이 없어 보였지만 사또가 나타나 문제를 해결해 버렸습니다. 사또는 두 옹고집에게 집안 내력을 말해 보라고 시킵니다. 그런데 가짜가 훨씬 더 잘 알고 있는 데다 전답과 새경까지 세세하게 기억해서 진짜 옹고집으로 인정받고 맙니다.

왜 이런 기억에서는 차이가 났는지, 『옹고집전』에서는 이유를 밝히지 않습니다. 어쨌든 그리하여 진짜 옹고집은 매를 맞고 추방당한 뒤 갖은 고초를 겪고는 자기 잘못을 뉘우칩니다. 착하게 살아야 한다는 것도 깨닫지요. 그러자 그동안 도술에 의해 만들어졌던 것들이 모두 사라집니다. 진짜 옹고집은 착한 사람이 되어 제자리로 돌아오지요.

논리학은 복잡하고 어려워 보입니다. 하나하나 따져야 하고 따질 때는 이런저런 규칙을 적용해야 하니 머리가 아플 수 있지요. 하지만 단계별로 차근차근 따라가면 의외로 놀라운 결과를 얻을 수 있는 것이 논리입니다. 그리고 그 시작에는 동일률이 있습니다. 'A=A'라는 평범하고 하나 마나 한 이야기 같은 원리가 논리학의 주춧돌입니다. 나만의 논리를 세운다는 건 작은 벽돌을 쌓아 올려 거대한 건축물을 짓는 것과 비슷합니다. 피라미드와 만리장성도 하나의 돌덩어리에서 시작했겠지요. 그러니 여러분도 동일률이라는 주춧돌에서 시작해 단단하고 폭넓은 자기만의 논리를 세우길 바랍니다.

생 각
도움닫기

모아서 보는
논리학의 개념들

● **딜레마(양도 논법)** 이러지도 못하고 저러지도 못하게 하는 상황에 빠뜨리는 논법. 단순 구성적, 단순 파괴적, 복합 구성적, 복합 파괴적 방식으로 나눌 수 있으며, 형식은 타당하지만 좋은 논증이라고는 할 수 없다.

● **연쇄 논법** 세 가지 이상의 명제가 사슬처럼 서로 이어지는 논법.

$$p \rightarrow q$$
$$q \rightarrow r$$
$$\therefore p \rightarrow r$$

● **동치(이환)** 표현은 다르지만 진릿값은 똑같은 명제를 가리키는 말.
$$p \rightarrow q \equiv \sim q \rightarrow \sim p$$

예) 차가 막히면 시간이 오래 걸린다. ≡ 시간이 오래 걸리지 않았다면 차가 막히지 않은 것이다.

● **모순율** 어떤 명제와 그 명제의 부정이 동시에 참이 될 수 없다는 원리.

$\sim(p \mathbin{\&} \sim p)$

● **모순** 모순율이 깨져서 어떤 명제와 그 명제의 부정이 동시에 참이라고 나온 상황.

$p \rightarrow (q \mathbin{\&} \sim q)$

p

$\therefore (q \mathbin{\&} \sim q)$

● **귀류법** 원하는 결론을 이끌어 내고 싶을 때, 그 결론을 부정하면 모순이 된 다고 밝혀서 원래의 주장이 옳다는 것을 간접적으로 증명하는 방법. 주로 수 학이나 자연 과학에서 쓰인다.

● **단순화 논법** 연언(&)으로 연결된 명제에서 한쪽만 결론으로 끌어 쓰는 방법.

$p \mathbin{\&} q$ $p \mathbin{\&} q$

$\therefore p$ $\therefore q$

● **동일률** 세상의 모든 존재는 오직 자기 자신하고만 같을 수 있다는 원리.

$A = A$

5

논리는 말꼬리 잡기가 아니다

그래, 난 무식하고 너만 잘났지!
: 우리에게 필요한 원칙

지금까지 여러 고전에서 사례를 찾아 논리에 대해 공부했습니다. 처음에는 어려웠겠지만 차근차근 하나씩 배우면서 그렇지도 않다는 것을 알았을 겁니다. 그래도 여전히 낯설고 어색하게 느껴질지도 모르겠네요.

논리를 배우고 나면 예전과 달리 상대방의 말이나 글을 유심히 듣고 보게 됩니다. 상대의 말과 행동이 논리적으로 맞는지 따지게 되지요. 처음 셈을 배운 사람이 물건을 살 때 자기도 모르게 셈해 보는 것과 마찬가지입니다.

그런데 하나씩 따져서 듣고, 읽고, 말하고, 쓰다 보면 우쭐해질 수도 있습니다. 논리적으로 따졌으니 내가 누구보다 옳다는 생각이 들 수도 있습니다.

하지만 주의해야 할 점이 있습니다. 논리학을 배워서 '말꼬리 잡기'의 고수가 되어서는 곤란하다는 겁니다. 오류와 논법을 배워서 자기주장을 논리적으로 펼치는 것은 물론 바람직합니다. 하지만 자칫 잘못하면 주변 사람들에게 말꼬리만 잡고 늘어지는 사람이라는 인상을 줄 수도 있습니다.

계속 말꼬리를 잡아 대면 상대방은 당연히 짜증을 내겠지요. 맞는 말을 하더라도 기분이 상할지 모릅니다. 말귀를 못 알아듣는다고 비난받을 수도 있고요. 또는 넌 어떻게 만날 따지기만 하느냐는 핀잔을 들을지도 모릅니다.

이럴 때 필요한 것이 '관용의 원칙'입니다. 관용의 원칙이란 상대방의 주장을 최대한 호의적으로 해석한다는 원칙을 일컫습니다. 사람은 누구나 자기주장을 펼칠 때든 그냥 대화를 나눌 때든 잘못된 단어를 고를 수도 있고 조금 지나친 표현을 사용할 수도 있습니다. 하지만 상대방이 실수했을 때 무조건 트집을 잡지 말고, 최대한 호의적으로 해석한 다음에 비판할 점이 있다면 비판해야 합니다. 우리가 관용의 원칙만 잊지 않는다면 일상생활에서 벌어지는 많은 다툼을 막을 수 있습니다.

엄마   너, 그렇게 대충대충 공부하다가는 거지밖에 안
      돼. 노숙자가 되려고 그러니? 내가 못 살아.

수민   엄마, 그건 의도 확대의 오류잖아. 오버야,
      오버. 노숙자가 되려고 공부하는 사람이 어디 있다고!

엄마   그래, 이 엄마는 무식하다! 그러는 너는 얼마나 잘나서 만날 그 모
      양이냐?

어떻습니까? 이 대화에서 수민이는 논리학을 배운 대로 적용
했습니다. 엄마는 분명히 의도 확대의 오류를 저질렀지요. 하지
만 대놓고 지적하기 전에 관용의 원칙을 적용하는 편이 더 낫지
않을까요? 엄마 말을 최대한 호의적으로 해석하면 대화는 달라
질 겁니다.

엄마   너, 그렇게 대충대충 공부하다가는 거지밖에 안 돼. 노숙자가 되
      려고 그러니? 내가 못 살아.

수민   엄마 마음이 먼지 나도 잘 알아. 내가 걱정돼서 하는 말이지? 그
      래도 거지나 노숙자는 좀 심하잖아.

엄마 심하긴 뭐가 심해. 진짜로 그렇게 될 수도 있지.

수민 그렇게 되려고 일부러 공부 안 하는 것도 아닌데? 설마 엄마는 내가 그렇게 되기를 바라는 건 아니지? 그냥 장래가 걱정된다고 말해 줘.

훨씬 부드러워졌지요? 그렇다고 수민이가 할 말을 참지는 않았습니다. 의도 확대의 오류라는 용어를 쓰지 않았을 뿐 자기 뜻은 충분히 전달했습니다. 자기주장을 드러냈지만 충돌이 일어나지 않았고 감정도 상하지 않았지요. 만약 관용의 원칙을 적용한 다음에도 여전히 문제가 해결되지 않고 남아 있다면 지금껏 배운 논리학을 써먹어 보기 바랍니다.

지금부터 몇 가지 사례를 보면서 논리는 말꼬리 잡기가 아닌 소통을 위한 것임을 확인해 보겠습니다.

알면서 쓰는 오류
:『탈무드』의 황금 송아지

다음은 유대인의 지혜를 담은 책으로 널리 알려진 『탈무드』에 나오는 이야기입니다.

저명한 작가인 테이크가 한 남자에게 물었다.

"유대인들은 왜 사막에서 황금 송아지를 만들었나요?"

"그야 간단하지요. 황소를 만들기엔 금이 모자랐던 거요."

이제 어떤 오류가 있는지 쉽게 지적할 수 있겠지요? 바로 강조

의 오류입니다. 왜 황금 송아지를 만들었느냐는 물음에 '황금'이 아니라 '송아지'를 강조해서 '황소'를 만들기에는 금이 모자랐다고 대답했으니까요. 그러니 이 이야기에는 강조의 오류가 있다고 지적하고 넘어가도 별문제가 없을 겁니다.

하지만 그저 오류를 지적하는 것 말고 다른 방향으로 생각해 보면 어떨까요. 한편으로는 강조의 오류 덕분에 우리가 웃게 되기도 했으니까요. 테이크의 물음에 대답한 사람이 오류를 저지르지 않고 진지하게 유대교의 입장에서 황금 송아지를 설명했다면 아마 이 이야기는 『탈무드』에 실리지 않았을 것입니다.

따라서 때로는 오류가 우리에게 웃음을 주기도 한다는 것을 알 수 있습니다. 하지만 여전히 주의해야 합니다. 지금 자기가 오류를 범하고 있다는 것을 충분히 알고 있는 상태에서 이런 유머를 써야 합니다. 그리고 재미를 위해 오류를 이용한 것뿐이라는 태도를 지녀야 합니다. 오류인지도 모르는 채 그저 재미를 위해 이런 식으로 대답했다면, 잠시 우쭐할지 몰라도 일상생활에서 의사소통할 때 지장이 많겠지요.

그런데 사실 황금 송아지에 대한 질문은 다음과 같은 두 가지 질문을 결합한 것입니다.

1. 유대인들은 왜 사막에서 황금으로 무엇인가를 만들었습니까?
2. 그런데 왜 하필 송아지 모양이었나요?

애초에 이렇게 질문을 나눠서 했다면 강조의 오류는 일어나지 않겠지요. 하지만 보통은 편하게 물어보지요. "왜 황금 송아지를 만들었느냐?" 하고요. 그러니 우리는 질문을 들었을 때 말만 받아들이는 게 아니라 질문의 의도를 생각해야 합니다.

'말이 그렇다는 거지, 뜻이 그렇다는 것은 아니야.' 이처럼 상대의 뜻을 헤아리려는 마음이 있어야 우리는 서로 의사소통을 잘할 수 있습니다.

남의 일이라고……
: 속뜻을 안다는 것

호로비츠가 의사에게서 건강 진단을 받았다. 의사는 여러 가지 검사를 한 후 결과를 살펴보며 말했다.

"호로비츠 씨, 당신은 지극히 건강합니다. 당뇨기가 약간 있긴 하지만 건강 상태는 아주 양호합니다. 나 같으면 전혀 걱정하지 않겠어요."

호로비츠가 재빨리 대꾸했다.

"당신한테 당뇨기가 있더라도 내가 걱정할 것 같습니까?"

『탈무드』에 나오는 또 다른 이야기입니다. 호로비츠는 의사가 한 말의 뜻을 헤아리지 않았지요. 의사는 자기 자신이 당뇨기가 있든 없든 직업상 환자를 걱정합니다. 호로비츠는 중요한 전제를 빼먹었네요. 자기가 누구와 이야기를 나누고 있는지 깜빡한 모양입니다. 자기는 환자이고 상대방은 의사라는 사실 말입니다.

사람들은 상대와 주고받은 말이나 글의 내용만을 따지기 쉽습니다. 어떤 상황이었는지, 누구와 소통했는지, 상대와 내가 어떤 관계인지 등을 고려하지 않을 때가 많지요. 원활한 의사소통을 위해서는 상황과 관계를 파악하고 있어야 합니다. 모든 의사소통은 반드시 구체적인 상황과 관계 속에서 이루어지기 때문입니다.

이를테면 공부를 열심히 하라는 말도 부모님이 하면 지긋지긋한 잔소리로 들릴 때가 많은데, 입시 설명 회에서 유명 강사가 말하면 똑같은 말이 그럴듯하게 들리기도 합니다.

왜 같은 말인데도 다르게 받아들일까요? 부모님이 나를 걱정해서 충고해 준다는 생각은 전혀 하지 않은 것 아닐까요? 처음부터 들을 맘 없이 귀를 막은 채 말입니다. 오히려 시비를 걸려고 했던 건 아닐까요? 부모님의 말이 매번 잔소리로 들린다면 부모님의 입장, 나와 부모님의 관계에 대해 전혀 고려하지 않았기 때문일 겁니다.

호로비츠의 상황으로 돌아가 봅시다. 의사는 환자를 걱정합니다. 병에 걸린 사람이 자기 자신이 아니라 해도 상대가 환자이니까 걱정합니다. 이런 상황을 고려했다면 호로비츠는 의사의 말을 그렇게 삐딱하게 받아치지 않았겠지요.

그런데 아예 상대가 호로비츠처럼 반론하는 것을 차단하는 길도 있습니다. 아예 빌미를 주지 않는 방법이지요. 앞선 대화에 적용하자면 지금 환자와 의사 사이에서 대화가 이루어지고 있다는 사실을 분명하게 밝히는 겁니다.

의사　　호로비츠 씨, 당신은 지극히 건강합니다. 당뇨기가 약간 있긴 하지만 건강 상태는 아주 양호합니다.

별로 달라진 게 없다고요? 의사의 말 중에서 "나 같으면 전혀 걱정하지 않겠어요."를 빼 버렸습니다. 작은 차이일지도 모르지만 이렇게 말한다면 호로비츠가 걱정이라는 말을 꺼낼 수 없겠지요. 그러면 호로비츠는 환자로서 이렇게 물을 겁니다.

호로비츠   의사 선생님, 당뇨기가 약간 있다고 했는데 걱정할 정도인가요?

의사는 이렇게 대답하겠지요.

의사   나 같으면 전혀 걱정하지 않겠어요.

이렇게 대화가 진행된다면 호로비츠는 자신이 환자라는 사실을 잊지 않을 겁니다. 누구와 어떤 상황에서 대화하는지 잊은 채 겉으로 드러나는 말만 해석해서는 진짜 뜻을 헤아리는 데 충분하지 않습니다. 겉으로 드러난 말이 아니라 속에 숨어 있는 뜻을 미루어 생각해야 합니다. 말에 걸려 넘어지면 안 됩니다.

논리학은 말과 글 속에 담겨 있는 뜻까지 헤아리려고 합니다. 그리고 속뜻을 이해하려면 지금이 어떤 상황인지 그리고 누구와 대화하는지 등을 분명히 알아야 합니다.

나만 대답할 수 있는 질문
: 상대의 의도를 알자

사람의 말과 글에는 겉으로 드러나는 의미 말고도 숨어 있는 뜻이 있습니다. 그런데 여기에서 한발 나아갈 필요가 있습니다. 바로 의도를 파악하는 겁니다. 우리가 흔히 쓰는 말로 다시 표현해 볼까요.

앞서 보았듯 숨어 있는 뜻을 파악해야 한다는 건 "말이 그렇다는 거지, 뜻이 그렇다는 건 아니야."라고 쓸 수 있습니다. 그렇다면 의도를 파악해야 한다는 건 어떻게 쓸 수 있을까요? "말뜻이 그렇다는 거지, 마음이 그렇다는 건 아니야."라고 쓸 수 있겠지요. 여기서 '마음'이 바로 '의도'에 해당합니다. 『탈무드』에 나오는 다음 이야기를 읽고 의도를 파악하는 법을 생각해 보지요.

초등학교에 다니는 번저민이 학교에서 돌아와 아버지에게 말했다.

"아버지, 오늘 우리 선생님이 나밖에 대답할 수 없는 질문을 했어요."

"그래, 벤저민. 그 질문이 대체 뭐였니?"

"그건 말예요, 교실 유리창을 깬 사람이 누구냐는 거였어요."

형식 면에서 벤저민의 말에 틀린 구석은 없습니다. 하지만 좀 이상합니다. 보통 선생님이 단 한 명밖에 답할 수 없는 질문을 하던가요? 드문 경우긴 하지만 아주 어려운 문제를 냈을 때라면 이에 해당하겠네요.

벤저민의 이야기에서 사실 선생님은 상식적이고 자연스러운 질문을 던졌습니다. 교실 유리창이 깨졌으니 누가 깨뜨렸는지 물어보는 게 당연하지요. 그러니 벤저민이 선생님의 평범한 질문을 '나밖에 답할 수 없는 질문'이라고 묘하게 바꿔 말한 데는 어떤 의도가 숨어 있을 겁니다. 아마 아버지한테 자기 잘못을 털어놓아야 하는데 조금이라도 덜 혼나고 싶었던 게 아닐까요? 벤저민과 아버지의 대화를 조금 평범하게 바꿔 보겠습니다.

벤저민   아버지, 오늘 우리 선생님이 교실 유리창을 깬 사람이 누구냐고 물었어요.

아버지   그래, 누가 깼냐?

벤저민   그 질문에는 저 말고 아무도 대답할 수 없었어요.

이렇게 바꿔도 벤저민이 자기 잘못을 인정하고 미안해하는 마음이 전달되지 않습니까? 물론 아까보다 유머 감각이 조금 떨어지긴 했지요. 가장 단순하고 솔직하게 벤저민의 대답을 바꾸어 본다면 이렇게 될 겁니다.

벤저민   아버지, 오늘 제가 교실 유리창을 깼어요. 죄송해요.

앞서 살펴봤던 수민이와 엄마의 대화가 기억나나요? 그 대화에서 엄마는 수민이에게 노숙자가 되려고 그러느냐며 공부를 열심히 하라고 윽박질렀습니다. 이는 분명히 의도 확대의 오류이지요. 수민이가 그냥 공부하기 싫거나 공부하지 못하는 상황에 놓였을 뿐일 수도 있으니까요. 그런데도 노숙자가 되려고 작정했느냐고 묻는다면 수민이의 의도를 잘못 파악하고 확대 해석한 것입니다.

우리는 여기에서 '의도'에 다시 주목해야 합니다. 말, 뜻, 의도. 이 세 가지는 서로 다릅니다. 의도 확대의 오류는 그중에서도 의도를 파악하는 게 중요하다는 사실을 알려 줍니다. 우리가 말이나 글로 남을 설득하는 데 성공하려면 상대방의 의도까지 정확하고 분명하게 파악해야 합니다.

너희 담임 선생님은 어때?
: 논리, 이제는 제대로 알고 쓰자

다니는 교무실로 불려가 선생님께 추궁을 당하고 있었다.

"다니, 어떻게 고양이에 관한 네 작문이 시몬의 것과 똑같지?"

다니는 조금도 망설이지 않고 대답했다.

"시몬과 저는 같은 고양이에 대해서 썼거든요."

이 유머는 어떻습니까? 다니의 말이 옳지 못하다는 것은 모두들 알 수 있겠지요? 『탈무드』에 나오는 이 이야기는 동일한 대상에 대해 서로 다른 생각을 품는 것이 당연하다는 내용을 전제로 삼고 있습니다. 이 전제가 참이라는 것은 굳이 설명할 필요도 없겠지요. 같은 고양이를 봤더라도 느끼고 생

XXX
X 166
XXX

달려라 논리 3

각하는 바는 사람마다 다른 게 당연하니까요.

논리학은 모든 사람이 동일한 대상을 보고 똑같이 생각해야 한다고 절대 말하지 않습니다. 논리학이 문제 삼는 것은 과연 그 생각이 논리적인가 하는 점입니다.

그런 예야 주변에 널려 있지요. 가령 같은 반의 두 학생이 담임 선생님에 대해서 서로 다르게 생각할 수 있습니다. 무언가에 대한 평가나 생각은 각자의 몫이기 때문에 다른 게 당연하지요. 리안이가 담임 선생님을 좋게 평가하는 반면, 같은 반인 지수는 그러지 않을 수도 있습니다. 리안이가 담임 선생님을 좋아하는 이유를 늘어놓으면 다음과 같습니다.

1. 학생의 의견을 존중해 준다.

2. 공부하라고 압박하지 않는다.

3. 학생들과 친구처럼 지낸다.

∴ 좋은 선생님이다.

정말 좋은 선생님 같지요? 하지만 지수는 같은 선생님을 이렇게 평가했을 수도 있습니다.

1. 학생의 의견을 존중하는 것 같지만 실제로는 방치한다.

2. 공부에 대해 별로 말하지 않은 결과, 반 평균 성적이 떨어졌다.

3. 학생들과 친구처럼 지내는 것은 좋은데, 선생님으로서 위엄이

　　나 권위는 찾기 힘들다.

∴ 좋은 선생님이라고 할 수 없다.

　　계속 이야기했지만 논리학은 제시된 근거들을 따져서 어느 쪽
이 더 좋은 논증인지 파악하려 합니다. 같은 선생님에 대해 서로
다르게 평가하는 것은 자연스럽지만 논리학은 그 근거를 따져야
합니다. 물론 선입견이나 감정이 끼어들어서는 안 되지요. '나는
원래 그 선생님이 싫었어.' 시작부터 이런 생각을 품고 따진다면
합리적이지 않으니까요. 논리적으로 근거를 따질 때는 무릇 '누
구나 서로 다른 의견이 있을 수 있어. 문제는 그 근거를 따
지는 거야.'라는 열린 자세로 다가가야 합니다.

　　논리학이 하는 일은 어떤 사건이나 문제에 대해 그
렇게 주장하는 근거가 무엇인지, 근거들이 주장을 제대
로 뒷받침하는지 따지는 겁니다. 아무 설명도 없이 '담임
선생님이 싫다.'라고 주장만 하면 누가 설득되겠습니까. 주
장을 펼칠 때는 근거가 있어야 하고, 듣는 사람들은 그 근

거가 주장을 지지하는 데 충분한지 살펴야 합니다.

담임 선생님에 대한 리안이와 지수의 의견을 좀 더 분석해 봅시다. 두 학생이 제시한 근거들은 결론과 관련성이 있나요? 양쪽 모두 관련되어 있습니다. 존중한다든가 방치한다든가, 압박하지 않는다든가 그렇지만 성적이 떨어졌다든가, 친구처럼 지낸다든가 위엄이 없다든가, 이들 모두 담임 선생님을 평가하는 데 관련이 있지요.

관련성이 있으니 이번에는 전제가 참인지 봐야겠지요. 이건 판단하기 어렵습니다. 담임 선생님이 학생들을 존중하는지 방치하는지 판단하는 건 사람마다 다를 수 있으니까요. 그렇기 때문에 리안이와 지수의 전제는 참과 거짓을 정확하게 판단할 수 없습니다. 이럴 때 우리는 새로운 전제를 요구해야 합니다. 즉 새로운 논증이 필요한 것이지요.

그러니 리안이는 선생님이 학생들을 존중한다는 근거를 내놓아야 하고, 지수는 방치한다는 근거를 내놓아야 합니다. 만약 그러지 못한다면 근거 없는 주장만 남을 뿐이니 더 이상 상대를 설득할 수 없겠지요.

리안이와 지수는 각각 자기주장에 힘을 싣는 근거를 댈 수 있을 겁니다. 리안이라면 이런 근거들을 들겠지요.

1. 야간 자율 학습을 할지 말지 학생에게 물어보고 결정권을 준다.

2. 몸이 아파서 조퇴하겠다고 하면 학생을 믿어 준다.

∴ 학생의 의견을 존중해 준다.

이에 지지 않고 지수도 근거를 제시할 겁니다.

1. 야간 자율 학습의 선택권을 무조건 학생에게 맡길 뿐이고, 하지 않으려는 학생에게 이유를 물어보거나 설득하지 않는다.

2. 몸이 아파서 조퇴하겠다고 하면 진짜 아픈지 확인하지 않는다. 학생이 실제로 얼마나 아픈지에는 관심이 없어 보인다.

∴ 학생의 의견을 존중하는 것 같지만 실제로는 방치한다.

자, 어떻습니까? 여러분은 어느 쪽 의견이 옳은 것 같나요? 같은 선생님입니다. 게다가 같은 사건이지요. 야간 자율 학습과 조퇴. 그런데 리안이는 선생님이 학생을 존중한다고 받아들인 반면 지수는 그렇게 보일 뿐 방치하는 셈이라고 생각했습니다.

　선생님이 학생을 존중하는지 방치하
는지 알기 위해서 더 많은 근거가 필요
할까요? 그럴 수도 있습니다. 선생님의 태도
가 어땠는지, 목소리와 말투에서 방치하는 마음이 드러났는지
등등 파고들면 수없이 많은 근거를 제시할 수 있겠지요. 그리고
모든 주장에 근거가 있어야 하니, 계속해서 새로운 논증이 필요
할 테고요.

　그런데 문제는 여태까지 우리가 겨우 첫 번째 전제의 참을 알
아보고 있었다는 점입니다. 전제 하나의 참을 따지기가 이렇게
복잡하다면 두 번째, 세 번째 전제는 어느 세월에 참을 따질까
요? 상상만 해도 아득해지는군요.

　현실에서도 이렇게 많은 논증이 계속 필요해지고 그러면서 점
점 논쟁 전체의 규모가 커지는 경우가 있습니다. 바로 재판입니
다. 재판의 과정은 쉽게 표현해서 서로 반대되는 주장을 펼치는
사람들이 각자 자기주장을 뒷받침하는 근거를 제시하는 것입니
다. 리안이와 지수가 담임 선생님이 학생을 존중하는지 따져 본
것과 비슷한 구조이지요.

　하지만 현실의 재판이라면 특히 주의를 기울여야 합니다. 살
인 같은 중범죄일 경우 형량도 무겁기 때문에 진범을 가려낼 때

신중에 신중을 더하지 않으면 안 되겠지요.

담임 선생님이 좋은지 아닌지 판단하는 문제와 살인 사건의 진범을 밝히는 문제가 기본적으로는 같은 구조라니, 믿기지 않는다고요? 그럴 수도 있겠네요. 자, 그럼 재판정에서 흔히 일어날 법한 대화를 예로 들어 설명하겠습니다.

변호사   피고인은 무죄입니다. 검찰이 제출한 증거는 조작된 것입니다. 증거가 모든 것을 말해 줄 겁니다. 저희가 제출하는 증거로 피고인의 결백이 드러날 것입니다.

검사   변호사가 제출한 근거는 전혀 증거로서 능력이 없습니다. 사건과 상관없을 뿐만 아니라 사실이 아닙니다. 진실을 알게 되면 변호인도 더 이상 피고인이 무죄라고 말할 수 없을 겁니다.

판사   양쪽 주장 모두 잘 알겠습니다. 그럼 사실 관계를 확인하겠습니다.

이 논쟁은 한 사람의 운명이 걸린 중대한 문제입니다. 져도 그만인 일이 아닙니다. 선생님을 둘러싼 논쟁과는 확실히 논쟁의 무게가 다르지요. 하지만 논리적으로 따지는 과정은 다르지 않습니다. 우리가 지금까지 배운 내용이 그대로 적용됩니다.

논리학의 규칙들은 생각이 일어나는 모든 상황에 적용할 수 있습니다. 재판정의 변론이나 친구 사이의 대화는 물론이고, 수업 시간이나 가족끼리의 대화에도 쓰입니다. 물론 상황에 따라 논쟁의 진지함이나 결과의 심각함은 다르겠지만요. 하지만 덜 진지하고 덜 심각한 논쟁이라고 해서 마냥 쉬운 것은 아닙니다. 간단해 보이는 주장도 그것이 정당한지 증명하기란 그리 만만치 않기 때문입니다. 선생님이 학생을 존중하는지를 알아보는 데도 여러 가지로 따져 볼 부분이 많았지요.

논리적으로 따지는 게 만만치 않기 때문에 일상생활에서 사람들은 대충 해 보다가 쉬운 방법을 선택하기도 합니다. 바로 여론 조사입니다. 많은 사람에게 의견을 모아서 그중 의견이 몰린 쪽으로 판단을 내리는 겁니다. 만약 전교생에게 선생님을 평가하도록 해서 60퍼센트가 좋은 선생님이라고 답했다면 좋은 선생님이라고 결론을 내리고 넘어가는 식입니다. 실제로 대학에서 강의 평가를 할 때 이런 방법을 쓰기도 하지요.

하지만 논리학은 여론 조사의 결과가 반드시 옳지는 않다고 알려 주고 있습니다. 앞서 우리가 직접 해 봤듯이 그리 간단한 문제가 아닙니다. 한 가지 예를 더 살펴보겠습니다. 주원이가 주말에 모처럼 민준이네 집에 놀러 갔군요.

민준 점심에 뭐 먹을까? 일요일이고 시간도 있잖아.

주원 짜장면 어때? 두 개 시키자.

민준 짜장면은 싫은데. 난 짬뽕이 좋아.

주원 뭐? 짜장면 싫어하는 사람 처음 보네. 짬뽕이 뭐가 좋냐. 짜고
맵잖아.

민준 뭐? 너야말로 짜장면이 뭐가 좋아? 뻑뻑하고 느끼하잖아. 국물
도 없고, 소화도 잘 안 되고.

주원 네가 진짜 짜장면 맛을 몰라서 그래.

짜장면과 짬뽕을 둘러싼 이 논쟁은 과연 끝을 볼 수 있을까요? 쉽지 않아 보입니다. 맛에 대한 평가는 사람마다 다른 법이니까요.

보통 논리학을 배우면 모든 것이 뚜렷하고 분명해질 거라고 기대하기 마련입니다. 어느 정도 사실이기는 합니다. 지금껏 이 책에서 본 타당한 논리적 형식과 여러 오류 등을 활용하면 분명히 아주 많은 부분이 명료해질 겁니다. 이제는 남의 말이나 글에서 오류를 찾아내 공격할 수도 있고, 내 주장을 논리적인 말이나

글로 펼쳐서 남을 설득할 수도 있을 겁니다. 논리로 무장하고 있으면 한결 당당하고 두렵지 않게 되지요.

하지만 이때 잊어서는 안 될 점이 있습니다. 좋은 논증을 만들기란 생각보다도 복잡하고 어렵다는 사실입니다. 그렇기 때문에 확신하는 태도는 피하는 것이 좋습니다. 항상 나도 틀릴 수 있다는 가능성을 머릿속에 담아 두어야 합니다. 그래야 내가 저지른 오류를 지적당했을 때 흔쾌히 받아들일 수 있습니다. 또 그래야 남에게 관용의 원칙을 적용할 수 있습니다. 그렇다면 논리학을 배우는 올바른 자세란 이렇게 정의할 수 있겠습니다.

자신이 틀릴 수도 있음을 인정하고 남에게는 관용의 원칙을 적용하면서 좋은 논증을 향해 나아가자.

여러분이 일상생활에서 이러한 자세를 지켜 나간다면 생각의 세계가 무한히 펼쳐질 겁니다. 그러니 일단 한 걸음 내디뎌 봅시다. 이제 생각이 닿는 모든 곳에 있는 논리를 즐길 차례입니다.

달려라 논리

달려라 논리 3: 토끼전에도 논리가 있다고?

초판 1쇄 발행 • 2014년 11월 14일

지은이 • 탁석산
펴낸이 • 강일우
책임편집 • 정소영
펴낸곳 • (주)창비
등록 • 1986년 8월 5일 제85호
주소 • 413-120 경기도 파주시 회동길 184
전화 • 031-955-3333
팩시밀리 • 영업 031-955-3399 편집 031-955-3400
홈페이지 • www.changbi.com
전자우편 • ya@changbi.com

ⓒ 탁석산 2014
ISBN 978-89-364-5845-4 03170
ISBN 978-89-364-5979-6 (전3권)